Le salut par la grâce

La série *L'Epée de l'Esprit*:
1. La prière efficace
2. Connaître l'Esprit
3. Le règne de Dieu
4. Une foi vivante
5. La gloire dans l'Église
6. Le ministère de l'Esprit
7. Connaître le Père
8. Atteindre les perdus
9. Ecouter Dieu
10. Connaître le Fils
11. Le salut par la grâce
12. Adorer en Esprit et en vérité

www.swordofthespirit.co.uk

Copyright 2007, 1997, auteur Colin Dye.
Deuxième édition en anglais
Copyright 2015, 1997, auteur Colin Dye
Première édition en français

Kensington Temple
KT Summit House
100 Hanger Lane
London, W5 1EZ

Tous droits réservés. Aucune partie de cette publication ne peut être reproduite, enregistrée ni transmise sous quelque forme que ce soit, par un moyen électronique, mécanique, photocopie, ou autre, sans la permission écrite de l'auteur.

Les citations bibliques, sauf mention spéciale sont tirées de la version Segond Révisée 1975.

L'Epée de l'Esprit

Le salut par la grâce

Colin Dye

Sommaire

Introduction	7
La sainteté, le péché et le pardon	11
Dieu est cohérent avec lui-même	27
Substitution et sacrifice	39
Alliances de grâce	61
Salut et expiation	75
Salut et révélation	91
Salut et victoire	107
Salut et vie nouvelle	127
Par grâce, par la foi	143

Introduction

Le petit mot « sauver » est l'un des verbes les plus communs de la langue française. Tous les jours nous l'utilisons une douzaine de fois en rapport avec le temps, l'argent, l'essence, les animaux, le papier, les quartiers difficiles, les fichiers informatiques, les noyades, le bâtiment et tant d'autres choses.

Pourtant, si nous utilisons ce terme dans des domaines aussi variés, son sens général reste clair. Sauver quelque chose signifie le préserver, venir à son secours, le réclamer, le délivrer du danger ou l'empêcher de tomber en désuétude.

Dans le contexte du christianisme, toutefois, le sens du mot « sauver » peut sembler moins évident. Même si la plupart des chrétiens comprennent « qu'être sauvé » signifie être préservé, secouru, réclamé, délivré et ramené à la vie, beaucoup se demandent comment le salut intervient, pourquoi il se produit et quelles en sont les conséquences dans notre vie sur terre.

L'idée de base du salut est facile à saisir : Dieu trouve le perdu, donne une vie nouvelle au mort, purifie l'impur, pardonne le coupable, transforme la défaite en victoire, délivre le prisonnier etc. Mais le pourquoi, le comment et le but du salut sont des questions qui demandent une réflexion ardue.

Les nouveaux convertis savent instinctivement ce que le simple mot « sauver » peut signifier, mais ils réalisent rapidement qu'il y a tout un vocabulaire technique associé à la notion de « salut ». Beaucoup sont troublés par cette forêt sémantique jusqu'à ce que quelqu'un leur explique, par exemple, l'expiation, l'alliance, l'élection, la glorification, le jugement, la justification, la prédestination, la propitiation, la rédemption, la régénération, la sanctification etc.

Même si ces termes spécialisés peuvent jeter la confusion

Le salut par la grâce

dans l'esprit de certains croyants, les idées importantes qu'ils signifient modèlent notre pensée sur le salut, notre expérience du salut et la manière dont nous prêchons la bonne nouvelle du salut. Après tout, ces mots n'étaient pas techniques dans leur contexte original. Il s'agissait du vocabulaire courant à l'époque et dans la culture du Nouveau Testament.

Si nous ne travaillons pas sérieusement pour saisir pleinement le pourquoi, le comment du salut et son but, nous allons nécessairement nous éloigner du point de vue biblique du salut qui est centré sur Dieu. Nous allons glisser rapidement dans une interprétation humaniste du salut et cela ne nous sera d'aucun secours.

Ce livre est écrit pour des croyants qui ont faim et soif d'étudier la Parole de Dieu pour apprendre ce qui concerne le salut, pour découvrir la révélation divine sur le but et la nature de la mort de Christ, son application pratique et ses résultats dans notre vie.

Il y a du matériel supplémentaire à votre disposition pour faciliter votre apprentissage. Vous pouvez le trouver dans le Manuel de l'étudiant et sur le site web www.swordofthespirit.co.uk. Dans le Manuel, vous trouverez un guide d'étude complémentaire pour chaque chapitre, ainsi que des questions à discuter et des questions à choix multiples. Si vous voulez étudier ce module par internet, vous aurez accès à plus de questions pour évaluer vos connaissances sous forme d'examens. Il y a aussi un outil informatique (le texte du cours sur internet avec des liens pour les références bibliques), et un ensemble de vidéos d'enseignement (pour le moment encore en anglais). L'utilisation de ce matériel supplémentaire vous aidera à tester, retenir et appliquer la connaissance que vous aurez acquise dans ce livre.

Vous pourrez aussi utiliser le Manuel de l'étudiant en petits groupes. Dans ce cas vous pouvez choisir dans la prière les chapitres que vous trouvez les plus adaptés aux besoins de votre groupe. Cela pourrait signifier que pour certaines réunions vous pourriez vouloir utiliser tout le matériel et qu'à d'autres occasions vous pourriez préférer n'en utiliser qu'une partie. Merci d'utiliser votre bon sens et votre sensibilité spirituelle. Sentez-vous libre de photocopier ces pages et de les distribuer à tout groupe dont vous seriez responsable.

D'ici la fin de l'étude de ce livre, ma prière est que vous ayez une bien meilleure compréhension de la nature humaine déchue, de la merveilleuse personne et œuvre de Christ et de la manière dont la croix domine et unifie toute la Bible de la Genèse à l'Apocalypse.

Plus que cela, je prie que vous soyez envahis par l'infinie grâce de Dieu, qui a permis le salut et à quel coût ; je prie aussi que vous répondiez à cette grâce en mettant en œuvre votre salut de telle manière que d'autres autour de vous soient attirés par la grâce.

Colin Dye

Chapitre Un

La sainteté, le péché et le pardon

Dans Luc 15:11-32, l'histoire bien connue de Jésus au sujet d'un fils perdu illustre l'histoire du salut de Dieu: la grâce inconditionnelle du Père céleste sauvant des pécheurs indignes de la recevoir.

Dans cette parabole, la repentance du fils ne conditionnait pas l'amour plein de grâce de son père. Elle le rendait lui-même capable de recevoir le pardon de son père.

Le père avait regardé au loin et attendu son fils bien avant qu'il retourne à la maison. Et dès qu'il vit son fils, il se précipita pour l'accueillir avec une joie passionnée et généreuse. Il ne lui posa pas la moindre question sur ses motifs ni sur ses méfaits. Le fils trouva la repentance dans les bras accueillants de son père. L'acceptation inconditionnelle du père fit fondre le cœur du fils et résulta dans un changement de comportement. Le changement de conduite est donc manifestement la conséquence du pardon et certainement pas ce qui motive la décision de pardonner de la part du père.

Cette parabole est une célébration si saisissante de « la grâce divine à l'œuvre dans le salut de l'être humain » qu'elle pousse certains à se demander pourquoi le Père céleste ne nous pardonne pas un peu de la même manière, sans qu'il y ait besoin de la croix. Ils ne comprennent pas que le pardon divin dépend de la mort de Christ et s'étonnent de ce fait que Dieu ne nous pardonne pas à l'image du père dans la parabole, sans un sacrifice coûteux.

Mais ceux qui pensent ainsi n'ont saisi ni la gravité du péché humain ni la sainteté de Dieu. Ils n'ont pas mesuré l'énormité de l'affront fait à la perfection divine par la rébellion de l'homme. En fait, la Bible sous-entend que le péché humain est un objet

Le salut par la grâce

qu'on ne peut déplacer et qui fait face à la force irrésistible de la sainte colère de Dieu.

Cela veut dire que la question: « Pourquoi Dieu a-t-il besoin de la croix pour nous sauver? » n'est pas la plus compliquée. Le problème le plus difficile à résoudre peut être considéré sous deux angles:

- ◆ Comment Dieu peut-il montrer son amour en pardonnant des pécheurs sans détruire sa sainteté ?
- ◆ Et, comment Dieu peut-il montrer sa sainteté en punissant le péché sans abandonner son amour?

Le péché humain

Le Nouveau Testament utilise quatre mots grecs principaux au sujet du péché. Bien qu'ils soient synonymes à bien des égards, ils apportent des nuances qui peuvent nous aider à comprendre la nature complexe et subtile du péché. Tous les mots en question contiennent l'idée de ne pas réussir à atteindre le standard parfait de Dieu, et décrivent des actes ou des attitudes qui nous séparent les uns des autres et de Dieu.

Hamartia

Hamartia est le mot le plus courant au sujet du péché. Il est parfois utilisé pour décrire des actes extérieurs de péché, mais il désigne plus communément l'état intérieur de péché. C'est la puissance morale intérieure irrésistible qui nous contrôle.

Hamartia compare le péché au fait de manquer une cible ou un but. Il pointe à la fois sur la désobéissance intérieure qui ne peut pas dire « oui » à Dieu et une non-conformité extérieure à ses standards. Ces choses affectent profondément notre relation avec le Dieu saint. Tant que notre *hamartia* n'est pas ôté, nous sommes éternellement séparés de Dieu.

Hamartia est utilisé, par exemple, dans Matthieu 12:31, Jean 8:2, 24, 34, 46; 9:41; 15:22, 24; 19:11, Actes 7:60, Romains 3:9; 5:12-13, 20-21; 6:1, 2, 6, 12-13, 14, 16-18, 20, 22-23; 7:5, 7-9, 11, 13-14, 17, 20, 23, 25; 8:2-3, 1 Corinthiens 15:56, Hébreux 3:13;

La sainteté, le péché et le pardon

9:26; 10:6, 8; 11:25; 12:4; 13:11, Jacques 1:15; 2:9; 4:17; 5:15, 20, 1 Jean 1:7-9; 3:4-5, 8-9 et 5:16-17.

Paraptoma

La plupart des versions de la Bible traduisent *paraptoma* par « transgression » ou « offense ». Cela signifie un « faux pas » ou une « maladresse », un écart par rapport à ce qui est juste et vrai. *Paraptoma* souligne le caractère négligent et léger du péché.

Paraptoma est utilisé dans Matthieu 6:14-15; 18:35, Marc 11:25-26, Romains 4:25; 5:15-18, 20; 11:11-12, 2 Corinthiens 5:19, Galates 6:1, Ephésiens 1:7; 2:1, 5, Colossiens 2:13 et Jacques 5:16.

Parabasis

Parabasis souligne le caractère intentionnel et délibéré du péché. Il signifie « franchir la ligne » plutôt que « trébucher » et parle d'une déviation volontaire par rapport au droit chemin, une transgression de la loi qui est préméditée. Il est traduit par « transgression » dans la plupart des versions de la Bible.

Parabasis est utilisé dans Romains 2:23; 4:15; 5:14, Galates 3:19, 1 Timothée 2:14, Hébreux 2:2 et 9:15.

Anomia

Anomia signifie « absence de loi », « méchanceté » ou « iniquité » et désigne l'opposé de tout ce qui est juste et bon. Il est utilisé dans 2 Thessaloniciens 2:3 pour montrer que l'iniquité et l'absence de loi sont à l'opposé de Dieu.

Le mot *anomia* est utilisé dans Matthieu 7:23; 13:41; 23:28; 24:12, Romains 4:7; 6:19, 2 Corinthiens 6:14, 2 Thessaloniciens 2:7, Tite 2:14, Hébreux 1:9; 10:17 et 1 Jean 3:4.

D'autres mots

Le Nouveau Testament utilise parfois d'autres mots grecs pour décrire des facettes particulières du péché. Par exemple:

Le salut par la grâce

- *Adikia*: l'injustice, ou le fait de ne pas être juste – Luc 13:27; 16:8; 18:6, Actes 1:18; 8:23, 2 Timothée 2:19 et Jacques 3:6.
- *Adikema*: une iniquité, un méfait ou une incorrection – Actes 1814; 24:20 et Apocalypse 18:5.
- *Poneria*: une horrible méchanceté – Matthieu 22:18, Marc 7:22, Luc 11:39, Romains 1:29 et 1 Corinthiens 5:8.
- *Paranomia*: transgression de la loi – 2 Pierre 2:16.
- *Opheilema*: le fait d'être endetté – Matthieu 6:12, Romains 4:4.
- *Aition ou aitia*: faute ou crime – Luc 23:4, 14, 22, Jean 18:38; 19:4 et 6.

Le péché

Tous ces mots grecs impliquent un idéal – soit un standard objectif que nous n'arrivons pas à atteindre ou une frontière que nous franchissons délibérément ou naturellement.

La Bible suppose que Dieu a établi un idéal et que sa nature sainte est cet idéal – et non une quelconque liste de règles qui sont extérieures à lui-même. Puisque Dieu a fait l'humanité à son image, sa norme personnelle doit aussi être notre norme humaine. Nous le voyons dans Romains 2:15.

La Bible nous enseigne beaucoup de choses sur le péché et souligne toujours son extrême gravité. Elle montre que le péché est notre manquement d'aimer Dieu de tout notre être et un refus de le reconnaître et de lui obéir en tant que Créateur et Seigneur.

En tant qu'êtres créés, les hommes et les femmes sont essentiellement dépendants de Dieu. C'est pourquoi le péché est un acte et une attitude d'indépendance ou de dépendance de soi-même. Il est implicitement hostile à Dieu en tant que Créateur et Seigneur et il est toujours essentiellement une rébellion active contre lui.

La sainteté, le péché et le pardon

Beaucoup d'actes pécheurs ne semblent atteindre que ceux qui sont affectés par ces actions. Par exemple, dans 2 Samuel 11, le péché de David avec Bathshéba, peut nous sembler dirigé contre Urie et Mical. Mais le péché exprime principalement notre rébellion personnelle contre Dieu – c'est la vérité profonde que reconnaît David dans sa confession, dans le Psaume 51:4.

La Bible développe cette compréhension du péché comme quelque chose qui affecte essentiellement Dieu en montrant que le péché:

- Est propre à toute l'humanité – Romains 1-3.
- Consiste en attitudes intérieures et actes extérieures – Romains 1:29-31; 7:7; 13:13, 1 Corinthiens 5:10-13; 6:9-10, 2 Corinthiens 12:20-21, Galates 5:19-21, Ephésiens 4:31; 5:3-5, Colossiens 3:5-8, 1 Timothée 1: 9-10, 2 Timothée 3:2-3 et Tite 3:3.
- Nous rend esclave de Satan, l'ennemi de Dieu – 1 Jean 3:8-10.
- Est un maître d'esclaves – Romains 6:16-17.
- Est une rébellion contre Dieu – Luc 15:11-32.
- Est une aliénation par rapport à Dieu – Jean 7:7, Romains 5:10 et 1 Jean 2:16.
- Est de l'incrédulité par rapport à Dieu – Jean 5:24; 16:9.
- Est un aveuglement par rapport à Dieu, le fait d'être dans l'obscurité – Jean 1:4-9; 8:12, 1 Jean 2:8-9.
- Est l'absence de loi – Romains 6:19, 2 Corinthiens 6:14 et 1 Jean 3:4.
- Est une dette envers Dieu – Matthieu 6:12 et Colossiens 2:14.
- Est un mensonge au sujet de Dieu – Romains 1:18,

Le salut par la grâce

- 25, Ephésiens 4:25, 2 Thessaloniciens 2:11-12 et 1 Timothée 6:5.
- Est une déviation par rapport à Dieu – Romains 2:23.
- Est une désobéissance à Dieu – Jean 3:36, Romains 11:30 et Ephésiens 2:2.
- Mérite la condamnation de Dieu – Matthieu 12:36, Luc 12:47-48 et Matthieu 11:20-24.
- Conduit à la mort et à la séparation éternelle de Dieu – Romains 6: 21- 23; 7:13 et 2 Thessaloniciens 1:9.

La Bible montre clairement qu'aucun être humain, à l'exception de Jésus, n'est conforme à ce pourquoi il a été créé. Personne n'a jamais atteint le standard de Dieu. Divers passages de l'Ecriture décrivent cette vérité de manières un peu différentes, mais l'impression générale qu'ils laissent ne permet pas d'en douter. Les hommes sont nés dans un état d'aliénation par rapport à Dieu – la volonté libre de l'homme est faussée et tournée vers le mal depuis la naissance.

L'humanité s'est rebellée contre Dieu, elle a désobéi aux lois de Dieu ; elle s'est laissé rendre esclave du péché et elle ne peut s'en défaire par ses propres efforts. De ce fait, l'humanité ne peut pas voir son potentiel et demeure dans l'ignorance par rapport à Dieu. Cet état s'exprime le plus clairement par le refus des hommes de croire en Christ – qui seul peut nous sauver du péché, nous réconcilier avec Dieu et nous ramener à notre état initial et dans une bonne condition.

La responsabilité

Genèse 3:1-13 retrace l'histoire du premier péché humain et raconte comment Adam et Eve ont essayé d'échapper à la responsabilité personnelle de leur péché : Adam a blâmé Eve et Eve a blâmé le serpent.

Depuis le temps du jardin d'Eden, les gens ont toujours essayé de blâmer quelqu'un ou quelque chose pour leur

La sainteté, le péché et le pardon

péché – les gènes, les hormones, leur éducation, la société, les circonstances, etc... Mais en dépit de ces excuses, les systèmes juridiques ont toujours été établis sur l'hypothèse que nous sommes libres et responsables de nos choix.

Certains argumentent pour dire que nous ne sommes que des animaux, livrés à nos instincts, alors que d'autres maintiennent que nous sommes programmés génétiquement de telle manière que nous agissons et réagissons comme nous le faisons.

Toutefois, dans son fonctionnement, la société humaine a toujours reconnu la liberté de choix de ses sujets et la responsabilité de chacun des actes qu'il commet. Toute tentative de persuader les hommes (politique, publicitaire, pédagogique, évangélisatrice, etc...), toute célébration du succès humain et tout blâme porté contre un être humain supposent que ces mêmes êtres humains sont à la base libres et responsables de leurs choix.

La Bible reconnaît qu'il y a une tension entre les pressions qui nous influencent et la responsabilité que nous avons de nos actes et nos attitudes. Elle enseigne que nous avons hérité d'Adam une nature déchue et que nous sommes esclaves de cette nature de péché, du monde et de ses idées, ainsi que de forces démoniaques.

Les Ecritures montrent que Dieu sait de quoi nous sommes faits et comprend les pressions que nous subissons. De ce fait il est patient et doux à notre égard, il ne nous traite pas comme nos péchés le mériteraient et il distingue entre les péchés que nous commettons par ignorance et ceux que nous commettons délibérément. Nous voyons cela dans le Psaume 103:10-14, Esaïe 42:1-3, Matthieu 12:15-21, Luc 23:34, Actes 3:17 et 1 Timothée 1:13.

La Bible reconnaît qu'en nous-mêmes et par nous-mêmes, nous ne pouvons résister au péché. Toutefois, la Parole de Dieu montre aussi clairement que nous restons des êtres moralement responsables. Elle souligne que nous avons un libre choix, elle nous presse d'obéir à Dieu et nous

Le salut par la grâce

corrige lorsque nous lui désobéissons. Des passages tels que Deutéronome 30:15-20 et Josué 24:15 illustrent que nos choix sont notre responsabilité personnelle.

La Bible maintient dans une tension créatrice les deux vérités parallèles de la souveraineté de Dieu et de notre responsabilité humaine. Jésus les déclare l'une comme l'autre de manière égale, par exemple dans Jean 5:40 et 6:44. Nous devons donc en faire autant. Chaque fois que nous nous demandons pourquoi quelqu'un ignore le précieux message de salut de Dieu, nous devons nous rappeler que les Ecritures enseignent qu'ils « ne viendront pas » à Christ et qu'ils « ne peuvent pas » venir à Christ. Et les deux sont vrais, pas l'un ou l'autre. Nous considérons ce paradoxe important dans le chapitre huit.

La responsabilité personnelle est un don précieux de la grâce souveraine de Dieu. C'est le don qui nous rend spécifiquement humain. En fait, la responsabilité est l'essence de l'humanité et l'explication essentielle et rationnelle du Jour du Jugement. De manière ultime, si nous n'étions pas personnellement responsables de nos actes et de nos attitudes, il ne pourrait y avoir de jugement qui ait du sens.

Cela nous montre qu'en dépit de la nature déchue dont nous avons hérité, en dépit de la puissance de Satan, en dépit des pressions de notre éducation, de notre environnement social et de notre patrimoine génétique, nous sommes personnellement responsables de nos pensées et de nos actions tournées vers le mal, de notre désobéissance, de notre présomption, de tous nos choix et de toutes nos décisions.

La sainteté divine

Dans *Connaître le Père* et *Connaître l'Esprit*, nous considérons l'enseignement biblique sur le fait que la sainteté est la caractéristique essentielle de Dieu. Nous le voyons pour:

- ◆ Le Père – Luc 1:49, Jean 17:11, 1 Pierre 1:15-16, Apocalypse 4:8 et 6:10.

La sainteté, le péché et le pardon

- ◆ Le Fils – Luc 1:35, Actes 3:14; 4:27-30 et 1 Jean 2:20.
- ◆ L'Esprit – 2 Timothée 1:14, Tite 3:5, 2 Pierre 1:21 et Jude 20.

Le mot « saint » a une connotation exclusivement morale pour beaucoup de gens: ils pensent que la sainteté signifie simplement une bonne manière de se conduire. Mais les mots hébreux et grecs pour « saint », *kadosh* et *hagios* sont des mots fonctionnels qui signifient « totalement séparé pour un but unique » et « voué à ou consacré à une cause particulière ».

Le Dieu trinitaire est « saint » dans le sens qu'il est *totalement séparé* de toute la création par sa nature élevée, éternelle, infinie, sans péché, moralement parfaite et spirituelle: il est « complètement autre » et « complètement au-delà ».

Cela signifie que la « sainteté » de Dieu est la conséquence de la somme de ses attributs plutôt qu'un attribut particulier, et c'est cela qui le met à part de toute la création. Nous le voyons notamment dans Exode 3:5, Lévitique 19:2, Esaïe 6:2-3; 57:15 et 1 Jean 1:5.

Toutefois les membres de la trinité sont aussi « saints » dans le sens qu'ils sont totalement consacrés l'un à l'autre. Par exemple, nous pouvons dire que Jésus révèle sa sainteté dans sa consécration au Père et que l'Esprit révèle sa sainteté dans la manière dont il existe pour apporter la gloire seulement à Jésus. Leur engagement absolu l'un vis-à-vis de l'autre est leur sainteté.

Le péché est incompatible avec la nature toute entière de Dieu, avec sa sainteté, et c'est cela qui nous sépare de Dieu dans la réalité. La Bible montre clairement que personne ne peut fixer ses yeux sur la face de Dieu et survivre – même ceux qui ont aperçu sa gloire ne peuvent supporter cette vue. Nous le voyons par exemple dans Exode 3:6, Esaïe 6:1-5, Job 42:5-6, Ezéchiel 1:28, Daniel 10:9, Luc 5:8 et Apocalypse 1:17.

La sainte réponse de Dieu au péché est appelée sa « colère ». La colère de Dieu n'a rien de commun avec notre colère. Au lieu de revêtir cette forme humaine, sa colère exprime sa

Le salut par la grâce

sainte incapacité de coexister avec le péché ainsi que sa condamnation continuelle du péché. Par sa nature, la sainteté de Dieu expose toujours le péché et sa colère s'oppose toujours au péché. Le péché ne peut approcher Dieu et Dieu ne peut tolérer le péché.

La Bible utilise quatre métaphores pour souligner cette vérité. Par exemple:

- Dieu est souvent identifié comme « élevé » ou « le Très-Haut ». Ce nom exprime sa transcendance et met l'accent sur le fait qu'il est complètement au-delà de nous. Nous le voyons dans Genèse 14 :18-22, Psaumes 7:17; 9:2; 21:7; 46:4; 47:2; 57:2; 83:18; 92:8; 93:4; 113:4, Daniel 3:26; 4:2-34; 5:18-21; 7:18-27, Osée 7:16; 11:7 et Michée 6:6.

- Dieu avertit souvent son peuple de ne pas s'approcher de lui. L'agencement du tabernacle et du temple montre que Dieu était au milieu de son peuple mais qu'ils n'osaient pas s'approcher de trop près. Les pécheurs ne peuvent s'approcher du Dieu saint en toute impunité. Nous le voyons dans Exode 3:5; 19:3-25; 20:24; 29:45-46, Lévitique 16, Nombres 1:51-53, Josué 3:4, 1 Samuel 6:19, 2 Samuel 6:6-7, Matthieu 7:23 et 25:41.

- Dieu est parfois décrit dans les termes d'une lumière inaccessible et d'un feu dévorant, par exemple dans Deutéronome 4:24, 1 Timothée 6:16, Hébreux 10:27-31; 12:29 et 1 Jean 1:5.

- Le rejet de Dieu par rapport au mal est parfois comparé au rejet que le corps humain expérimente lorsqu'il vomit un poison. Dieu ne peut tolérer le péché et l'hypocrisie. Ils lui sont tellement en horreur qu'il doit les expulser de sa présence. Nous le voyons dans Lévitique 18:25-28; 20:22-23, Nombres 21:5, Psaumes 95:10 et Apocalypse 3:16.

La sainteté, le péché et le pardon

Ces métaphores illustrent l'incompatibilité totale qui existe entre le péché et la sainteté. A cause de la totalité de sa nature, c'est-à-dire de sa sainteté, Dieu *ne peut pas* être en présence du péché. Si le péché s'approche de trop près de Dieu, il est soit consumé soit expulsé.

Notre compréhension de Dieu doit inclure la révélation selon laquelle il hait le mal, il est dégoûté par le mal et cela le met en colère, et il ne peut l'accepter. Et notre compréhension du salut doit inclure à la fois la gravité du péché et la splendeur de la glorieuse sainteté de Dieu.

Nous ne pourrons apprécier notre besoin de la croix si nous minimisons le péché et y pensons en termes de faux-pas exceptionnels et non de constante rébellion. Et nous serons étonnés par la croix si nous pensons que Dieu est un Père indulgent plutôt qu'un Créateur indigné.

Le pardon

Lorsque nous saisissons finalement la gravité de notre péché et l'étendue de notre responsabilité personnelle, nous commençons à apprécier la grâce merveilleuse du pardon. Mais, lorsque nous comprenons l'extraordinaire magnificence de la sainteté de Dieu, et toute la portée de sa colère contre le péché, nous sommes forcés de nous poser une question: un tel pardon est-il possible?

Superficiellement, il peut sembler naturel de se demander pourquoi Dieu n'a pas agi comme semble le faire le père de l'histoire du fils prodigue. Mais après réflexion, nous avons tôt fait de réaliser que pardonner est de loin l'acte le plus difficile pour un Dieu saint, beaucoup plus difficile que créer ou ressusciter.

Le péché humain et la colère divine se trouvent chacun en travers du chemin de notre salut.

Dieu doit nous respecter en tant qu'êtres responsables qu'il a faits à son image. Il doit aussi agir de manière cohérente avec sa propre nature en tant que Dieu parfaitement saint. Les chapitres trois et huit décrivent comment Dieu a complété ce puzzle et accompli notre salut, en Christ, sur la croix, par sa grâce.

De manière étonnante, la Bible promet que Dieu pardonne chaque aspect de notre péché humain – *hamartia*, Colossiens 1:14; *paraptoma*, Colossiens 2:13; *parabasis*, Hébreux 9:15; *anomia*, Tite 2:14; etc… De plus, les Ecritures montrent que le pardon de Dieu comprend trois aspects distincts:

1. Dieu remet la peine due à la présence du péché et ôte la barrière qui existe entre lui et chaque membre de l'humanité. C'est ce qu'on appelle le pardon de la pénalité du péché.
2. Il ôte l'offense et en efface le souvenir. Il couvre les actes commis afin qu'ils ne puissent être vus et qu'il ne puisse plus s'en rappeler lui-même. C'est le pardon de la culpabilité du péché.
3. Il détruit la vie de la force du péché par une opération spirituelle qui ôte la compulsion morale de faire le mal. C'est le pardon de la puissance du péché.

Romains 6 décrit cet aspect du pardon par l'expression « mort au péché » et Colossiens 1:13-14 l'appelle « notre liberté ».

Le pardon humain
Dans la vie de tous les jours, le pardon humain est un processus actif qui se perpétue dans la pensée de quelqu'un qui a été blessé ou qui a subi un tort. Lorsque nous pardonnons à quelqu'un, nous renversons la barrière entre nous et le fautif de telle manière que nous sommes libres de retrouver une relation amicale avec cette personne.

Le vrai pardon humain est beaucoup plus que de ne pas prendre sa revanche contre quelqu'un qui nous a blessés. Il dépasse le fait de simplement ignorer une blessure, ou de ne pas punir quelqu'un pour la faute qu'il a commise.

Le pardon réel implique un changement qui commence dans nos pensées, puis s'exprime dans nos actes et finalement influence nos sentiments au point de les transformer. Nous

La sainteté, le péché et le pardon

effaçons la faute dans nos pensées et nous mettons fin à son influence négative sur nos actions et nos émotions. Il se peut que nous soyons encore conscients de la faute, mais elle ne revêt plus d'importance à nos yeux.

Avant le pardon, la faute permettait la construction d'une barrière de ressentiments, de colère, de méfiance, de manque d'amour, etc… Après que le pardon a été donné et reçu, ceux qui avaient été séparés peuvent désormais vivre en paix les uns avec les autres.

Le pardon divin
Le pardon humain n'est pas une miniaturisation du pardon de Dieu. La Bible montre que Dieu pardonne les êtres humains avec une telle profondeur et à tel point, que même le meilleur exemple de pardon humain n'est qu'une pâle imitation, un lointain écho du pardon de Dieu.

Toutefois, la Bible complète cette vérité en décrivant la manière dont Dieu réagit contre le péché avec toute la passion de sa colère. C'est pourquoi le pardon divin implique aussi que dans sa justice, Dieu ôte l'offense elle-même.

D'une certaine manière, nous devons résister à la tentation de ne retenir que le pardon ou que la justice : le pardon et la justice existent simultanément. Les deux perdent leur sens lorsqu'ils sont séparés. La plupart des parents humains apprennent rapidement que l'amour et l'équité doivent être exercés ensemble s'ils veulent prendre soin de leurs enfants correctement !

Chaque fois que le Dieu saint rencontre le mal, il doit réagir contre lui : car l'amour doit confronter le mal avec pureté s'il veut rester amour. Dieu ne serait pas plus aimant s'il ne punissait pas le péché dans l'acte consistant à le pardonner. En fait, il ne serait pas Dieu et ne serait pas aimant du tout.

Néanmoins, en dépit du péché contre lequel l'indignation de Dieu brûle, le Père prend cette étonnante initiative de la grâce et reçoit les pécheurs comme des amis intimes. Cela peut sembler trop facile, trop beau pour être vrai –

Le salut par la grâce

spécialement lorsque nous réalisons avec quelle force le Dieu saint condamne nos convoitises et nos pensées égoïstes. Mais ce mélange de pardon et de condamnation est au cœur du salut – et se retrouve en permanence chez Jésus. C'est en lui que le pardon divin apparaît personnellement et peut être approché personnellement.

Le pardon divin est un don inexplicable d'amour pur à des pécheurs indignes. Il contient la solution aux problèmes les plus profonds de l'humanité. Comme nous l'avons vu dans *Connaître le Père*, Dieu prend l'initiative. « Notre Père, notre rédempteur » fait le premier pas. Le Juge de toute l'humanité amène les pécheurs coupables dans la joie du Père d'amour – pourvu qu'ils choisissent d'y être amenés et répondent positivement à son amour. Mais ce choix volontaire du pécheur est lui-même une provision de la grâce de Dieu.

La grâce du Père
Beaucoup de croyants entendent plus parler du prix du pardon et du coût du salut que de la grâce libre et débordante du Père qui, dans son désir passionné de voir les pécheurs revenir à la maison, a donné son Fils unique.

Nous n'avons pas besoin de tout comprendre au sujet du salut pour le recevoir.

Nous ne sommes pas obligés d'apprécier le coût total du pardon avant de pouvoir en bénéficier, nous pouvons apprendre ces choses après-coup.

En fait, la seule condition du pardon est que nous répondions à la grâce du Père avec humilité, les bras tendus et un cœur reconnaissant et heureux. Nous venons simplement vers le Père, comme le fils perdu de la parabole, et prenons Dieu au mot. Il s'agit là d'une autre clé importante pour comprendre le salut de Dieu par la grâce.

Si nous ne regardons pas au Père et à sa grâce, s'il n'est pas le centre de notre foi et de notre salut, nous risquons de présenter un message qui suggère autre chose. Nous pourrions laisser entendre que le mieux que puissent espérer les gens, serait

La sainteté, le péché et le pardon

que Dieu soit persuadé par Jésus de tolérer les pécheurs, un peu à contrecœur.

Nous pourrions penser que les fils et les filles qui retournent à la maison ont encore besoin de garder leurs distances par rapport au Père. Nous pourrions estimer que notre reconnaissance à Dieu pour notre salut devrait être réservée à Jésus. C'est lui qui aurait en quelque sorte forcé le Père à nous recevoir dans une antichambre de la maison familiale, au niveau des plus humbles domestiques.

Cette manière de penser est non biblique et pousse à la passivité, la peur, la condamnation de soi, des attentes minables, un manque de courage et au légalisme. Il se peut que ce soit ce que ressentait le fils prodigue lorsqu'il traînait le pas en rentrant à la maison. Son discours préparé d'avance laisse à penser qu'il n'était pas vraiment repentant sur son chemin de retour, dans ce sens qu'il ne croyait pas encore à la bonté de son père. Il était donc encore perdu et séparé de son père.

Mais ce sentiment, bien sûr, n'est pas représentatif du caractère du père dans la parabole de Jésus. Cette manière de penser donne une terrible caricature du Père céleste qui a envoyé son Fils dans un pays lointain pour ouvrir un chemin de retour à la maison et qui attend maintenant avec un ardent désir de nous faire entrer dans sa présence en tant que fils et filles, avec une grâce inconditionnelle et une célébration sans retenue.

Etre un croyant, c'est savoir que le Père a défini notre identité par la croix et qu'il nous appelle maintenant fils et filles. Il nous fait signe de venir devant et de recevoir l'héritage de notre salut – la robe de la filialité, l'anneau de l'autorité, les sandales de la liberté etc…

C'est cette grâce gratuite du Père qui a provoqué l'envoi du Fils et suscité le salut. Ainsi, le Père peut accueillir à bras ouverts la multitude d'enfants conduits à la gloire par le Fils, par l'Esprit.

Chapitre Deux

Dieu est cohérent avec lui-même

Pourquoi la mort de Jésus sur la croix a été réellement nécessaire au salut? Les chrétiens ont traditionnellement utilisé le langage de la « satisfaction » dans leur réponse à cette question.

L'expression « satisfaire » ou « satisfaction » n'apparait pas dans la Bible en relation avec la croix. Toutefois, au cours des siècles, les responsables d'église ont toujours maintenu qu'une forme ou une autre de « satisfaction » était nécessaire au Dieu saint pour qu'il pardonne le péché. Mais ils ne se sont jamais mis d'accord sur *ce qui* ou *qui* devait être satisfait, ni *pourquoi*.

La satisfaction de Satan

Depuis l'époque de l'église grecque au deuxième siècle, certains conducteurs ont insisté sur le fait que la mort de Christ sur la croix était le prix que Satan demandait pour libérer ses captifs. Christ avait donc enduré la croix pour satisfaire les droits de l'ennemi.

Néanmoins, de même que certains chrétiens ignorent Satan ou sous-estiment sa puissance, cette idée de satisfaction de l'ennemi surestimait sa puissance et son autorité. Bien que le diable ait tenu l'humanité captive du temps du jardin d'Eden jusqu'au moment de la croix, bien qu'il fut seigneur du péché et de la mort, et que Jésus soit effectivement venu nous libérer de l'ennemi, Satan n'a jamais été qu'un rebelle et un usurpateur. Il a peut être gagné certains « droits » sur l'humanité par le péché, mais il n'a jamais obtenu de droits d'une nature quelconque que Dieu soit « obligé » de « satisfaire ».

Au chapitre sept, nous considérons toute l'étendue de la défaite du diable au calvaire. Si nous devons nous rappeler

Le salut par la grâce

que Jésus a triomphé de manière décisive et nous a délivrés de l'esclavage de Satan, nous ne sommes pas sensés croire que Satan ait des droits que Dieu soit obligé de satisfaire.

La satisfaction de la Loi
Depuis Ambroise (un « père de l'église » latin du quatrième siècle), il y a toujours eu des chrétiens qui ont expliqué la croix en soulignant que la Loi avait besoin d'être satisfaite par la croix. Leur argument porte sur la nature du péché qui méprise la Loi de Dieu et lui désobéit. Pour eux, les pécheurs méritent une punition automatique parce qu'ils transgressent la Loi.

Ces croyants utilisent souvent Daniel 6 pour étayer leur raisonnement. Bien que le roi Darius respectât Daniel et voulût le sauver, la loi perse devait s'appliquer – la punition devait être payée. De la même manière, et c'est leur argument, Dieu aime les pécheurs et désire ardemment les sauver, mais il ne peut violer la Loi qui nous a condamnés – d'où la nécessité de la croix.

Mais Dieu n'est pas piégé comme Darius dans un méli-mélo juridique qui l'aurait obligé à aller jusqu'à la croix; et la Loi n'est pas un code légal inflexible comportant des châtiments automatiques qui déterminent l'action de Dieu. La Loi n'est pas absolue ni extérieure à Dieu.

Toutefois il y a une certaine vérité dans cet accent mis sur la Loi, puisque Galates 3:10-13 enseigne clairement que Christ nous a rachetés de la malédiction de la Loi en devenant malédiction pour nous.

La pénalité de la Loi devait nous être appliquée, mais cela ne revient pas à enseigner que la Loi elle-même devait être satisfaite.

De même que notre délivrance de Satan ne signifie pas qu'il avait des droits que Dieu devait satisfaire, de même notre libération de la Loi ne signifie pas que cette dernière avait des exigences que Dieu devait satisfaire. La rédemption et la victoire sont des conséquences de la croix et non leurs causes essentielles.

Dieu est cohérent avec lui-même

Dans *Connaître le Fils*, nous voyons que la soumission était au cœur de la filialité de Jésus. Sur un certain plan, nous pouvons dire que la soumission de Jésus à la Loi était indispensable pour nous sauver de la condamnation de celle-ci, car il a à la fois accompli les exigences de la Loi et enduré sa condamnation. Mais finalement, Jésus s'est soumis à la personne du Père plutôt qu'aux principes de la Loi ; cette soumission à la Loi dans l'accomplissement et dans l'endurance, était donc une simple conséquence de sa soumission personnelle au Père.

De même que Dieu ne devait rien à Satan, il n'était pas prisonnier de la Loi. La vérité est que Dieu était le Créateur de la Loi, et que la Loi condamne le péché seulement parce que cette Loi trouve sa source dans le Dieu saint.

Dans *Une Foi Vivante* et *Ecouter Dieu*, nous voyons que chaque Parole de Dieu est une révélation que Dieu donne de lui-même. Cela signifie que la Loi sainte révèle le Dieu saint: les exigences de la Loi, y compris sa condamnation et la malédiction du péché, ne peuvent être séparées de la nature de Dieu lui-même.

Cela suggère qu'il est probablement beaucoup plus exact de penser en termes du Dieu saint qui a personnellement besoin d'être satisfait que de mettre l'accent sur un ensemble de règles indépendantes et impersonnelles qui auraient besoin d'être satisfaites d'une manière ou d'une autre.

La satisfaction de l'honneur et de la justice de Dieu
De nos jours, la plupart des évangéliques croient que Dieu ne devait rien au diable, sinon de le punir de sa rébellion, mais que l'humanité devait quelque chose à Dieu.

Ils identifient cela à la dette qui avait besoin d'être payée, satisfaite, à la croix. Nous considérons cet aspect au chapitre cinq.

Certains leaders représentent Dieu comme la Victime du péché et expliquent la croix en termes de satisfaction de « l'honneur » de Dieu – une idée qui a commencé avec Anselme, un archevêque de Canterburry au 11ème siècle.

Le salut par la grâce

D'autres présentent Dieu comme le Juge du péché et expliquent la croix en termes de satisfaction de sa « justice ». Cette idée est apparue au 13 ème siècle avec Thomas d'Aquin et Duns Scott et s'est développée après la Réformation par Calvin et Cranmer. Elle fut incorporée dans la Confession de Westminster en 1647.

Ceux qui mettent l'accent sur « l'honneur » de Dieu s'appuient sur le fait que par notre péché (c'est-à-dire en ne reconnaissant pas Dieu comme Seigneur et en ne se soumettant pas pleinement à lui), nous avons volé l'honneur qui ne revenait qu'à Dieu. Ainsi, à cause de sa sainteté, Dieu ne peut fermer les yeux sur ce détournement de son honneur à notre profit. Le raisonnement consiste donc à dire que si nous voulons être pardonnés, nous devons rendre l'honneur volé à qui il revient.

Mais nous ne le pouvons pas. Notre obéissance présente ne peut pas compenser nos péchés passés. En effet cette obéissance présente nous est commandée de toute manière et aucun autre pécheur ne peut satisfaire l'honneur de Dieu à notre place.

Ils disent donc que dans sa grâce, Dieu a envoyé Jésus comme un être « pleinement Dieu et pleinement homme » pour offrir sa vie sans péché afin de satisfaire l'honneur offensé de Dieu. Leur conclusion est que l'offrande gracieuse faite par Jésus de son absolue perfection rend à Dieu l'honneur que l'humanité lui avait volé.

Ceux qui, d'un autre côté, se concentrent sur Dieu en tant que Juge et soulignent la satisfaction de sa justice, maintiennent qu'il y a un désaccord fondamental entre la justice de Dieu et notre injustice. Irréconciliables.

Leur argument consiste à dire que la colère constante de Dieu contre le péché du monde entier doit être apaisée, épuisée et satisfaite. Ainsi le Père a envoyé le Fils sans péché, « pleinement Dieu et pleinement homme », pour satisfaire à la demande de la justice de Dieu contre le péché et pour rendre le pardon possible.

Dieu est cohérent avec lui-même

Bien sûr, la plupart des chrétiens n'adoptent pas l'une ou l'autre de ces idées de la satisfaction de manière rigide ou exclusive. Par exemple, beaucoup enseignent que les exigences de la Loi de Dieu ont été satisfaites par l'obéissance parfaite de Christ dans sa vie et sa mort et que la justice de Dieu a aussi été satisfaite par son sacrifice parfait pour le péché qui a supporté le châtiment de la Loi dans sa mort.

Dieu lui-même

A vrai dire, aucune de ces idées en elle-même n'apporte une explication satisfaisante à la notion de satisfaction. Ce n'est sûrement pas la Loi, ni l'honneur divin ou la justice qui ont besoin d'être satisfaits, mais Dieu lui-même. Il n'est pas simplement la Victime du Péché ou seulement le Législateur, ou tout au plus le Juge – il est toutes ces choses et beaucoup plus.

Le problème, lorsqu'on parle de la satisfaction de la Loi, de l'honneur, de la justice etc… est que nous pouvons suggérer que Dieu est contrôlé par quelque chose d'extérieur à lui-même. C'est Dieu lui-même dans la plénitude complète (c'est-à-dire l'absolue sainteté) de son être personnel, qui a besoin d'être satisfait – et non un aspect particulier de Dieu ou un code ou une qualité qui est en dehors de lui.

Cohérent avec lui-même

Certains réagissent à l'idée que Dieu ait besoin d'être satisfait. La comparaison avec l'attitude similaire déplaisante chez l'homme explique ce point de vue. Ceux qui cherchent à se satisfaire manquent de maîtrise d'eux-mêmes et ceux qui expriment leur satisfaction manquent d'humilité.

Dieu, néanmoins est parfait: il a une maîtrise de lui absolue et une humilité infinie. Cela signifie qu'obtenir satisfaction sur le plan divin est entièrement différent d'obtenir satisfaction sur le plan humain.

Lorsque nous disons que Dieu doit se satisfaire lui-même, nous voulons dire qu'il doit être lui-même, qu'il doit être vrai

Le salut par la grâce

envers sa nature, qu'il doit agir de manière cohérente en étant en harmonie avec la perfection de sa nature.

Les Ecritures soulignent que Dieu ne peut se renier lui-même, ne peut se contredire et ne peut mentir. Il n'est jamais arbitraire, imprévisible ou capricieux. Il est toujours vrai envers lui-même, toujours cohérent avec sa nature, toujours « tout-lui ». Nous voyons cela, par exemple, dans Deutéronome 32:4, Psaumes 89:33, 2 Timothée 2:13, Tite 1:2 et Hébreux 6:18.

La Bible souligne la satisfaction de Dieu de lui-même, le fait qu'il est cohérent avec lui-même de quatre manières principales. En d'autres termes, si Dieu juge les pécheurs c'est parce qu'il doit rester vrai avec lui-même et être parfaitement cohérent avec lui-même.

1. La provocation de Dieu

Dans l'Ancien Testament, Dieu se décrit lui-même comme pouvant être « provoqué ». L'idolâtrie d'Israël peut le provoquer dans sa colère ou sa jalousie. Les prophètes reviennent souvent sur ce thème. « Provoquer » signifie « exiger une réponse ». Le péché exige une réponse de la part de Dieu : sa sainte colère. Cela ne signifie pas que la colère réside dans la nature de Dieu. C'est plutôt une réaction de la nature de Dieu – c'est sa juste réaction contre le péché. La colère doit être provoquée en Dieu – en tant que réponse – par le péché ou à cause du péché. Nous le voyons par exemple dans Deutéronome 32:16-21, Juges 2:12, 1 Rois 15:30; 21:22, 2 Rois 17:17; 22:17, Psaumes 78:58, Jérémie 32:30-32, Ezéchiel 8:17 et Osée 12:14.

Cela ne signifie pas que Dieu était irrité par la conduite d'Israël. Le langage biblique de la provocation exprime simplement la réponse *inévitable* de Dieu au mal. Il y a en Dieu une sainte intolérance du péché – spécialement de l'idolâtrie. Quelque soit le moment ou l'endroit où le péché se manifeste, il « provoque » toujours la colère de Dieu.

Dieu n'est jamais provoqué sans une bonne raison. Seul le péché le provoque – et il faut qu'il le provoque pour que Dieu soit Dieu et se conduise comme Dieu.

Dieu est cohérent avec lui-même

En clair, si Dieu n'était pas provoqué par l'opposé de sa nature, il ne serait pas Dieu.

2. La colère brûlante de Dieu
Les Ecritures décrivent souvent la colère de Dieu en terme de « brûler », « s'enflammer », « consumer », « s'embraser », etc… Des passages tels que Josué 7:1; 23:16, Juges 3:8, 2 Samuel 24:1, 2 Rois 13:3; 22:13 et Osée 8:5 décrivent comment Dieu brûle de colère lorsqu'il voit son peuple désobéir à sa Loi et rompre son alliance.

L'Ancien Testament montre que Dieu « brûle » de colère lorsqu'il est « provoqué » ou « irrité » par le péché. Nous le voyons par exemple dans Deutéronome 29:27-28, 2 Rois 22:17, Psaumes 79:5, Jérémie 4:4; 21:12, Ezéchiel 36:5-6; 38:19, Sophonie 1:18 et 3:8.

Le feu de la colère est la réponse inévitable de Dieu au mal – pourtant il ne fait jamais rage sans contrôle. Exode 32:10, Jérémie 44:22 et Ezéchiel 24:13-14 montrent que Dieu ne peut souffrir la rébellion; et Psaumes 78:38, Esaïe 48:9, Lamentations 3:22, Romains 2:4 et 2 Pierre 3:9 décrivent comment il retient sa colère à cause de sa miséricorde.

Or, une fois que le feu de la colère de Dieu est « allumé », il est extrêmement difficile de l'éteindre. Nous le voyons par exemple dans 2 Rois 23:26; 22:17, 2 Chroniques 34:25 et Jérémie 21:12. Lorsque la colère de Dieu brûle contre le peuple, elle le consume – comme dans Nombres 11:1, Deutéronome 4:24; 6:15, Psaumes 59:13, Esaïe 10:17; 30:27, Lamentations 2:3, Ezéchiel 22:31 et Sophonie 1:18. Et sa colère ne se retire que lorsque son jugement est complet ou qu'un changement radical a eu lieu. Nous le voyons dans Josué 7:26, Jérémie 4:4; 21:12, Ezéchiel 5:13; 16:42 et 21:17.

Nous avons ainsi établi qu'il y a quelque chose dans la sainteté de Dieu qui peut être provoqué, irrité et embrasé par le mal – nous appelons cela « sa colère » : elle brûle alors jusqu'à ce que le mal soit consumé et que la colère soit « satisfaite ».

3. La satisfaction complète de Dieu

Le mot hébreu *kalah* est souvent utilisé dans l'Ancien Testament en association avec la colère de Dieu. *Kalah* signifie la fin de quelque chose. Ce mot est traduit diversement par « compléter », « finir », « consumer », « accomplir », « épuiser » et « satisfaire ».

Kalah est souvent utilisé dans l'Ancien Testament pour montrer que le temps, l'œuvre et la vie arrivent tous à une fin. Il montre que les larmes sont complétées par les pleurs, que l'herbe est exterminée par la sécheresse, que la force humaine est épuisée par l'exercice etc…

Mais *kalah* est utilisé par les prophètes pour montrer que Dieu veut « assouvir », « satisfaire », « épuiser » sa colère sur son peuple. Nous le voyons par exemple dans Ezéchiel 5:13; 6:12; 7:8; 13:15; 20:8 et Lamentations 4:11.

Kalah suggère que la colère de Dieu ne cesse que lorsqu'elle a pleinement été satisfaite, non parce que Dieu est un tyran, mais parce que ce qui existe en lui doit être exprimé et que ce qui est exprimé doit être complété ou fini.

Lorsque nous regroupons ces images, nous voyons que la colère jalouse de Dieu est « provoquée » par le péché. Une fois que sa colère s'est enflammée, elle « brûle » jusqu'à ce qu'elle soit « satisfaite » ou « assouvie » et que le péché soit pleinement « consumé ». Cette colère découle inévitablement du caractère de Dieu. Elle est une manifestation ou une révélation de sa sainteté.

4. Le nom de Dieu

La quatrième manière dont la Bible souligne que Dieu est cohérent avec lui-même consiste à utiliser le nom de Dieu. Nous considérons le Nom de Dieu dans *Connaître le Père*, et nous voyons que « le Nom » c'est Dieu lui-même et qu'il se réfère à la révélation totale de tout ce qui est connu au sujet de Dieu. Par exemple:

- « Le nom du Seigneur » a été proclamé par Moïse lorsque Dieu est passé devant lui et lui a annoncé

Dieu est cohérent avec lui-même

sa nature – Exode 34:5-6.

- « Invoquer le nom du Seigneur » revenait à l'adorer comme Dieu – Genèse 21:33 et 26:25.
- « Oublier son nom » revenait à s'éloigner de Dieu lui-même – Jérémie 23:27.
- « Utiliser le nom du Seigneur en vain » revenait à lancer un défi à sa majesté divine – Exode 20:7.

Nous pouvons dire que la phrase biblique « le nom de Dieu » contient en elle-même la plénitude de la glorieuse nature et du caractère de Dieu. Elle pointe sur la manifestation totale de Dieu à son peuple.

Dans l'Ancien Testament, le nom de Dieu était le serment de tout ce qu'il avait promis d'être envers Israël et tout ce qu'il avait promis de faire en leur faveur. Nous le voyons par exemple dans 1 Samuel 12:22 et Psaumes 25:11.

Pour Israël, la phrase « le Nom du Seigneur », cristallisait les faits les plus importants de leur révélation et de leur expérience de Dieu. Le Tout-Puissant Créateur des cieux et de la terre était leur Dieu. Il les avait appelés dans une relation d'alliance et de grâce. La conviction que Dieu ne reniera jamais son alliance, qu'il ne reviendra jamais sur ses promesses et ne sera jamais autre chose que « cohérent avec lui-même », se trouve derrière presque chaque utilisation que fait l'Ancien Testament de l'expression « le nom de Dieu (ou du Seigneur) ».

L'Ancien Testament montre clairement que Dieu agit toujours en accord avec son Nom, d'une manière qui est cohérente avec la totalité de sa nature – en accord avec sa sainteté. Nous le voyons par exemple dans Jérémie 14:1-21, Ezéchiel 20:44 et 36:1-23.

Lorsque Dieu agit en son propre Nom, il ne le fait pas pour protéger son image, il ne fait qu'être cohérent avec lui-même, parce qu'il est toujours vrai avec tout ce qu'il est. Il ne dévie jamais de son être: il est toujours pleinement ce qu'il est. Comme nous le voyons dans *Connaître le Père*, cette cohérence divine s'exprime par le nom personnel de Dieu, *Yahvé*, que

Le salut par la grâce

Dieu a révélé à Moïse lorsqu'il est venu délivrer son peuple d'Egypte et accomplir son alliance. *Yahvé* signifie « Je suis qui je suis ». Dieu est qui il est. Il est son saint soi. Il ne peut être quelque chose d'autre.

L'amour juste de Dieu

Dieu est cohérent avec lui-même. Cela signifie qu'il doit pardonner les pécheurs et les réconcilier avec lui-même d'une manière qui soit cohérente avec son caractère.

Pour que le salut soit possible, Dieu doit conquérir le diable pour capturer ses captifs. Il doit satisfaire la Loi, sa justice, son honneur et sa colère. Mais plus important encore, il doit se satisfaire lui-même – Dieu doit satisfaire tous les aspects de son être infini, y compris sa justice et son amour.

Osée 11:1-11 nous donne un aperçu de la tension que Dieu expérimente dans la rédemption lorsque sa justice et son amour semblent en conflit. Israël, l'enfant de Dieu, méritait d'être puni pour son adultère spirituel et son refus volontaire de se repentir. Mais comment Dieu pouvait-il détruire son propre enfant ?

C'est la tension qui existe entre ce que Dieu devrait faire à cause de sa justice et ce qu'il ne peut pas faire à cause de son amour. C'est l'éternelle tension qui existe en Dieu entre sa compassion et sa colère.

Attributs parallèles et reliés entre eux

Dans l'ensemble des Ecritures, dans les deux Testaments, dans les paroles de Jésus et de Paul, l'amour de Dieu et la colère de Dieu sont gardés ensemble dans une parfaite tension pour montrer que nous ne devons pas penser à l'un des aspects de sa nature sans nous rappeler de sa contrepartie. Par exemple :

- ◆ Il est miséricordieux et plein de grâce, mais il ne laisse pas le coupable impuni – Exode 34:6-7.
- ◆ La miséricorde et la vérité se rencontrent en lui, sa justice et sa paix s'embrassent – Psaumes 85:10.

Dieu est cohérent avec lui-même

- ◆ Il est un Dieu juste et qui sauve – Esaïe 45:21.
- ◆ Il y a de la compassion dans sa colère – Michée 7:18 et Habakuk 3:2.
- ◆ Il est plein de grâce et de vérité – Jean 1:14.
- ◆ Il est juste et celui qui justifie – Romains 3:26.
- ◆ Il est bon et sévère – Romains 11:22.
- ◆ Il plein de colère et riche en miséricorde – Ephésiens 2:3-4.
- ◆ Il est fidèle et juste – 1 Jean 1:9.

Il serait dangereux de penser, par exemple, que Dieu est simplement amour. Cela est vrai, mais ce n'est pas toute la vérité, car aucun mot humain ne peut pleinement décrire la nature infinie de Dieu.

Nous avons noté que la Bible utilise l'expression « le nom » pour pointer sur la totalité de la nature de Dieu et que la « sainteté » de Dieu ou sa « totale séparation » est la conséquence de la somme de ses attributs. Il serait donc dangereux de se concentrer sur un seul aspect du caractère de Dieu parce qu'il est rempli d'attributs qui semblent opposés mais qui sont, en réalité, parfaitement équilibrés et intimement reliés.

La Bible exprime cet équilibre en présentant, par exemple, l'amour de Dieu et sa colère, sa bonté et sa justice, sa miséricorde et sa justice, sa transcendance et son immanence etc… comme des vérités parallèles, reliées entre elles. Contemplées sur le plan terrestre, elles peuvent être considérées comme opposées, mais elles s'unissent dans l'infini glorieux de Dieu lui-même.

Nous ne devons pas mélanger ces attributs paradoxaux dans une sorte de concoction théologique générale, parce que cela détruirait la révélation biblique du mystère de Dieu – qui souligne toujours la révélation continue et simultanée de ces aspects parallèles de la nature de Dieu.

Au chapitre six, nous considérerons l'œuvre de révélation

Le salut par la grâce

de Dieu sur la croix. Nous verrons comment Dieu manifeste sa colère et son amour dans un événement unique. La croix est la révélation suprême de l'amour infini de Dieu et de sa colère toute brûlante, son inflexible justice et sa miséricorde pleine de grâce, et c...

La croix montre que ces attributs ne sont pas irréconciliables et ne sont pas en conflit. En fait, ils se magnifient mutuellement, car nous saisissons la grandeur de l'amour de Dieu à la croix seulement lorsque nous apprécions la pleine étendue de sa colère sur la croix.

Dieu n'est pas horrifié par lui-même. Il n'y a point en lui de contradiction, car il ne peut y avoir de conflit en Dieu. Il n'est jamais incertain sur ce qu'il fait ni confus dans ses plans. Il existe dans un équilibre éternel. Il est le Dieu de la paix parfaite, mais c'est une paix qui tient ses attributs respectifs dans une tension parfaite et créatrice.

Si nous voulons comprendre le salut avec exactitude, nous devons avoir une vision biblique de Dieu – c'est pourquoi *Connaître le Père* précède ce livre dans la série *Epée de l'Esprit*.

Dieu n'est pas un « papa » indulgent qui compromet sa sainteté afin de nous épargner et nous gâter. Il n'est pas un « tyran » vindicatif qui supprime son amour pour nous écraser et nous détruire. Au lieu de cela, le Créateur du ciel et de la terre est à la fois paternel et souverain; et le juste juge agit toujours avec miséricorde car il est modelé par son amour paternel.

L'ensemble de notre foi chrétienne dépend de notre connaissance de Dieu ; et tout le but du salut est que nous puissions connaître le Père – avec exactitude, de manière intime, personnelle et éternelle.

Comment Dieu peut-il « satisfaire » son amour sans fermer les yeux sur nos péchés? Comment peut-il simultanément nous sauver et se satisfaire lui-même? Comment peut-il être pleinement « cohérent avec lui-même »? Ce sont là les questions difficiles qui se trouvent au cœur de la croix – le lieu où Dieu s'est substitué et s'est sacrifié lui-même pour le salut de toute l'humanité.

Chapitre Trois

Substitution et sacrifice

Que Dieu se satisfasse lui-même et soit consistant avec lui-même signifie qu'il est toujours vrai avec tout ce qu'il est. Il n'agit pas tantôt selon l'un de ses attributs et tantôt selon un autre de ses attributs. Dieu ne manifeste jamais l'un de ses attributs au détriment d'un autre – car tous ses attributs sont connectés à tous les autres. Il exprime donc toujours la plénitude de son caractère, en toutes circonstances.

Nous avons vu que la question la plus difficile à résoudre en ce qui concerne le pardon est la suivante: « Comment Dieu peut-il rester vrai avec tout ce qu'il est? » Comment peut-il simultanément exprimer sa sainte colère qui condamne, et son amour miséricordieux? Son jugement sa compassion ?

Depuis le début de l'Eglise, la réponse chrétienne a toujours été que Dieu se satisfait lui-même (à savoir qu'il agissait de manière cohérente avec lui-même, que sa justice et sa sainte colère étaient satisfaites) en pourvoyant à un « substitut » pour le pécheur. De cette manière, le substitut endure la condamnation et le jugement tandis ce que le pécheur jouit de la compassion et du pardon.

Dans sa miséricorde infinie, Dieu voulait nous pardonner. Dans sa justice éternelle, il voulait nous pardonner avec justice – c'est-à-dire sans ignorer ni fermer les yeux sur notre péché. On appelle cela la « satisfaction par substitution pénale ».

Dieu agissait en étant cohérent avec lui-même, en concentrant la plénitude de sa juste colère sur le substitut auquel il pourvoyait avec grâce (à savoir lui-même dans la personne de son propre Fils) et en déversant la plénitude de son amour plein de miséricorde sur nous – les pécheurs indignes.

Le salut par la grâce

Nous avons vu que, à travers les âges, différentes traditions d'église ont lutté avec la Bible pour comprendre qui et ce qui devait être satisfait sur la croix. Elles ont aussi lutté avec la « substitution de lui-même » de Dieu et la nature du substitut – car la Bible ne révèle pas ces choses en toute simplicité et clarté. Ces idées sont clairement enseignées dans l'Ecriture, mais elles n'y sont pas présentées de manière systématique. C'est à l'interprète de refaire le puzzle pour découvrir l'image complète.

Si nous voulons arriver à comprendre la substitution ne serait-ce qu'un peu, nous devons donc examiner l'enseignement de l'Ecriture avec la plus grande attention. Premièrement, nous devons considérer les sacrifices de l'Ancien Testament – qui préparent le chemin au sacrifice de substitution de Dieu en Christ à la croix.

Les sacrifices de l'Ancien Testament
Il est impossible de lire le Nouveau Testament sans s'apercevoir que les auteurs reconnaissaient que la mort de Christ était un sacrifice. Nous le voyons, par exemple, dans Matthieu 20:28, Jean 3:16; 10 :17-18, Romains 3:25; 4:25; 8:3, 32, 1 Corinthiens 5:7-8, 2 Corinthiens 5:18-21, Galates 1:4; 2:20, Ephésiens 5:2, 25, 1 Timothée 2:6, Tite 2:14, Hébreux 9:14, 26, 1 Pierre 3:18 et 1 Jean 4:9-10.

Le système de sacrifices de l'Ancien Testament forme l'arrière-plan de la pensée du Nouveau Testament sur la mort de Christ. Nous le voyons le plus clairement dans Hébreux, une épître qui souligne que le sacrifice de Jésus est la réalité ultime vers laquelle toutes les « ombres » ou « préfigurations » du système de l'Ancien Testament pointaient.

Le premier sacrifice
La Bible enseigne que le sacrifice a commencé avec Dieu. Il a fait le premier sacrifice. Il a versé la première goutte de sang. Il a enduré la première souffrance et perte. Son exemple dans Genèse 3:21 a donné le modèle et établi les principes sur

Substitution et sacrifice

lesquels reposeraient tous les sacrifices ultérieurs et a pavé le chemin de la croix.

Dieu a gracieusement offert aux humains condamnés des tuniques de peau pour couvrir leur péché et les habiller pour la nouvelle tâche à accomplir en dehors du jardin. Il est implicite dans ce texte que des animaux ont dû-t-être utilisés pour pourvoir à ces tuniques de grâce. Et ce doit être Dieu lui-même qui a immolé, puis dépecé les précieux animaux qu'il venait de créer et de bénir.

Cet incident donne le ton de tout le reste de l'enseignement de l'Ancien Testament sur les sacrifices et pointe clairement sur le sacrifice final et ultime de Dieu. Nous voyons par exemple que:

- Ceux qui bénéficiaient de ces sacrifices en étaient complètement indignes.
- Ceux qui souffraient en tant que sacrifices étaient absolument sans tache.
- Le sacrifice était permanent.
- Du sang était versé.
- Le sacrifice était dans une condition parfaite – seul le meilleur pouvait être accepté.
- Le prix était considérable, à la fois pour le « sacrifiant » et pour la « victime », pour le donateur et le don.
- La grâce, l'amour et la miséricorde étaient les émotions qui motivaient ces sacrifices.
- Les bénéficiaires étaient libres d'accepter ou de rejeter le don offert.
- Le sacrifice (en Eden) a dû-t-être étonnant car il y avait beaucoup de feuilles de figuier dans le voisinage, même si elles n'auraient été d'aucune utilité par temps froid.

Le salut par la grâce

Les premiers sacrifices offerts par des hommes
Genèse 4:3-5 décrit les premiers sacrifices offerts à Dieu par des hommes. Caïn et Abel présentèrent des dons à Dieu; Luc 11:50-51 et Hébreux 11:4 semblent donner une explication au fait que Dieu a regardé le sacrifice d'Abel favorablement. Abel était prophète, et il a sacrifié le premier-né de son troupeau.

Rien dans le contexte ne nous indique que ces premiers sacrifices offerts par des hommes ne le furent que pour obtenir la faveur de Dieu ou pour l'apaiser. Il semble qu'il y ait eu un réel élément de reconnaissance.

Noé a fait le sacrifice suivant. Genèse 8:20 montre qu'après le déluge, une fois que les eaux se furent retirées, Noé bâtit un autel et offrit à Dieu un holocauste d'oiseaux et d'animaux pour le remercier de la délivrance de sa famille. Ce fut le quatrième exemple de l'obéissance de Noé – Genèse 6:22 ; 7:5 ; 8:15-18 et 20 – et Dieu trouva le sacrifice obéissant de Noé tellement agréable qu'il le récompensa, dans Genèse 8:21–9:17 avec la promesse d'une glorieuse bénédiction.

Abraham devait avoir l'habitude d'offrir des sacrifices à Dieu de son troupeau, sinon Isaac n'aurait pas posé sa question sur l'agneau dans Genèse 22:7. Dans ce chapitre, Dieu a demandé un sacrifice pour la première fois – et il voulait le meilleur.

Abraham reçut l'ordre de sacrifier Isaac en holocauste sur le Mont Morija – l'endroit où le temple de Jérusalem devait pour finir être fixé. Isaac, qui semble avoir été âgé de 30 ans lors de cet événement (il avait trente-sept ans à la mort de Sara au chapitre 23) était prêt à être la victime volontaire ; et son père âgé était prêt à sacrifier son seul fils. Mais combien cette mort dut leur sembler étrange, spécialement après la promesse de Dieu au cours des années.

La foi et le sacrifice furent d'abord associés à Abel ; et, par la foi, Abraham saisit le couteau et se prépara à le plonger dans son fils. Comme nous l'avons vu, le raisonnement humain conclut toujours en pensant que le sacrifice n'est pas nécessaire – mais Abraham crut que Dieu savait ce qui était le meilleur.

Abraham ne comprit pas pourquoi Dieu voulait qu'il lui

Substitution et sacrifice

sacrifie son fils. Même s'il prononça une prophétie remarquable dans Genèse 22:14, il ne savait pas que presque 2000 ans plus tard, Dieu passerait par une agonie similaire mais plus forte sur la même montagne. Abraham agit simplement avec foi et il était prêt à obéir à Dieu.

Genèse 22:15-18 décrit comment Dieu répondit à la volonté d'Abraham de sacrifier son fils en faisant le serment d'une grande bénédiction. Abraham et Isaac avaient été prêts à cette mort sans récompense – l'amour et l'obéissance étaient leur seule motivation. Mais la grâce de Dieu est intervenue, pourvoyant à une victime substitutive, puis récompensa le sacrifice par une bénédiction. Ce lien entre le sacrifice et la bénédiction se retrouve dans Genèse 46:1-4.

La Pâque

Les Egyptiens souffrirent dix plaies parce que le Pharaon ne voulait pas laisser les Israélites partir dans le désert pour adorer Dieu avec des sacrifices. Exode 10:24-26 révèle deux principes concernant les sacrifices de l'Ancien Testament.

Premièrement, le peuple devait laisser Dieu diriger leurs sacrifices; deuxièmement, ils ne pouvaient offrir que des animaux et des oiseaux purs qui leur appartenaient – il devait s'agir d'un renoncement personnel authentique et qui leur coûte.

Les dix plaies étaient l'acte suprême du saint jugement de Dieu sur l'Egypte et de l'acte de délivrance miséricordieux de Dieu pour Israël. La Pâque, dans Exode 11-13, était la démonstration simultanée de l'amour de Dieu et de sa justice. Elle manifestait sa grâce et sa sainteté.

Comme pour Adam et Eve dans le jardin d'Eden, chaque famille devait personnellement s'approprier la provision de Dieu : le sacrifice de leur meilleur animal et l'aspersion du sang sur les linteaux de leur porte était leur réponse pleine de foi à la grâce de Dieu.

Et, une fois de plus, Dieu récompensait le sacrifice obéissant de son peuple par une bénédiction – cette fois une délivrance

Le salut par la grâce

personnelle de la mort et une délivrance nationale de l'esclavage.

Exode 12:2 montre que le sacrifice original de la Pâque était le début de la vie collective et nationale d'Israël; ainsi le Nouveau Testament identifie la mort de Christ à son accomplissement de la Pâque, et au commencement de la nouvelle communauté rachetée. Nous le voyons notamment dans Jean 1:29, 36; 13:1; 18:28; 19:14, 1 Corinthiens 5:7-8 et Apocalypse 5:6, 9, 12 et 12:11.

Par la Pâque, Dieu se révélait lui-même simultanément comme:

- Juge – la sainte colère de Dieu « passait à travers » l'Egypte et condamnait chaque premier-né mâle. Il n'y avait pas de distinction entre les créatures ou les classes sociales des êtres humains touchés. Il n'y avait qu'une seule échappatoire, et celle-ci était donnée par la provision pleine de grâce du Seigneur.

- Rédempteur – L'amour miséricordieux de Dieu est « passé par-dessus » chaque maison marquée du sang pour leur offrir un bouclier contre sa colère.

- Celui qui fait et garde l'alliance – Dieu a racheté les Israélites pour faire d'eux son peuple. Ils appartenaient à Dieu parce qu'ils avaient été rachetés par le sang et étaient ainsi consacrés à son service. Nous considérerons cela plus en détail aux chapitres quatre et huit.

Il devrait être évident que ces « préfigurations », ces vérités furent pleinement révélées à la croix. Il est important de reconnaître que le Juge et le Rédempteur sont la même personne divine. C'est le Dieu unique qui, par Christ, condamne le péché et sauve l'humanité.

La Pâque nous enseigne aussi que:

- Le salut se fait par substitution – les seuls mâles premiers-nés qui furent épargnés, furent ceux qui

Substitution et sacrifice

habitaient dans les maisons où un agneau premier-né était mort à leur place.

- Le salut se fait par une appropriation pleine de foi – après avoir été répandu, le sang devait être aspergé sur les linteaux des portes, en signe d'appropriation.

Les sacrifices rituels
Après la Pâque, pendant qu'Israël marchait dans le désert, Dieu donna à Moïse des instructions claires sur les sacrifices. Nous pouvons lire quelques grandes lignes sur ces enseignements dans Exode 20:24-26; 22:29-30; 23:14-19; chp 29, Lévitique 17; 23, Nombres 15, Deutéronome 12 et 16. La description la plus complète se trouve dans Lévitique chapitres 1 à 7 et ce texte décrit les cinq rituels principaux:

- L'holocauste, ou offrande entièrement consumée.
- L'oblation, ou l'offrande de grains.
- La communion, ou l'offrande de paix.
- L'offrande pour le péché.
- La culpabilité, une offrande de réparation ou de transgression.

Nous pouvons dire que:

- L'oblation et le sacrifice de communion aidaient les gens à exprimer leurs sentiments d'être des créatures qui appartenaient à Dieu.
- L'holocauste était un sacrifice qui représentait pour celui qui l'offrait, la consécration – et l'acceptation de Dieu – de tout ce qu'ils avaient et ce qu'ils étaient.
- Le repas pris ensemble par le prêtre et le peuple lors du sacrifice de communion leur rappelait leur relation vitale avec Dieu.
- Les sacrifices pour le péché et la culpabilité rendaient les gens capables d'exprimer en tant

Le salut par la grâce

qu'êtres humains leur séparation d'un Dieu saint causée par leur péché et leur culpabilité. Ils leur donnaient aussi l'occasion de crier à Dieu pour qu'il couvre leur faute.

En dépit de ces distinctions, tous les sacrifices soulignaient l'initiative gracieuse de Dieu et la dépendance absolue du peuple de Dieu et de sa grâce.

Dans tous les sacrifices, seul le meilleur était acceptable. Nous avons vu que les adorateurs devaient sacrifier d'une manière qui entame sérieusement leurs ressources personnelles, mais Deutéronome 23:18 montre que même ce prix était inacceptable si la valeur offerte avait été acquise de manière illégale.

Les animaux mâles étaient préférés aux femelles, et les premiers-nés matures étaient considérés comme les meilleurs de tous. Ils devaient être des spécimens parfaits : la créature choisie pour le sacrifice était toujours celle qui aurait apporté la plus grande amélioration au troupeau de celui qui offrait l'animal.

La justice de Dieu signifiait que les pauvres n'étaient pas pénalisés par ces exigences. Lévitique 5:7-13 montre que ceux qui n'étaient pas capables de payer pour un mouton ou une chèvre pouvaient offrir une colombe ou une tourterelle à la place. Et s'ils ne pouvaient même pas se l'offrir, une offrande de grains suffisait.

Les sacrifices rituels devaient être offerts personnellement et nationalement, en privé et en public, régulièrement et lorsqu'un besoin particulier survenait. Nombres 28 à 29 fait la liste des sacrifices publics quotidiens, hebdomadaires, mensuels et annuels. Exode 12 montre comment la Pâque devait être célébrée en famille.

Chaque fois que les Israélites se tournaient vers Dieu, ils étaient supposés l'adorer en lui offrant des sacrifices. La Bible montre que les sacrifices rituels étaient offerts :

Substitution et sacrifice

- Pour accomplir un vœu – 2 Samuel 15:7-9.
- Pour libérer une personne d'un vœu – Nombres 6.
- Comme un acte spontané d'adoration – Juges 13:17-23.
- Pour purifier un lépreux après sa guérison ou une femme après sa grossesse – Lévitique 8 et Nombres 8.
- Dans des temps de repentance nationale – 1 Samuel 7.
- A l'approche d'une bataille – 1 Samuel 13:8-12.
- Au couronnement d'un roi – 1 Rois 1:9.
- Lors de la dédicace du sanctuaire – 1 Rois 8:1-13.

Les sacrifices rituels de l'Ancien Testament avaient six étapes, chacune étant autant significative que les cinq autres.

1. Les adorateurs sélectionnaient ou achetaient leurs sacrifices et les amenaient au lieu désigné.
2. Si l'offrande était un animal, ils plaçaient leurs mains sur lui pour montrer qu'il était leur représentant et leur substitut. S'ils faisaient une offrande pour le péché ou la culpabilité, ils confessaient leurs péchés symboliquement pour transférer les conséquences légales de leurs péchés sur l'animal.
3. L'adorateur tuait l'animal personnellement.
4. Les prêtres recueillaient le sang dans un bassin et le répandaient contre les deux coins opposés de l'autel afin que les quatre côtés soient aspergés du sang.
5. La graisse était brûlée. S'il s'agissait d'un holocauste, tout était brûlé à l'exception de la peau.
6. Ce qui restait du sacrifice était mangé par le prêtre. S'il s'agissait d'un sacrifice de communion, ce qui restait était mangé par les prêtres et les adorateurs ensemble.

L'holocauste et les sacrifices de communion étaient utilisés pour la célébration et la reconnaissance, la consécration des personnes et des objets pour le saint service et pour ôter

Le salut par la grâce

les impuretés cérémonielles. Les autres sacrifices, toutefois, poursuivaient un but beaucoup plus profond. Le Lévitique répète que les offrandes pour le péché ou la réparation concernant une personne « seront acceptées comme efficaces (agréées) pour leur expiation ». Le mot hébreux *kaphar* est habituellement traduit par « expier », mais il signifie en fait « couvrir ». Cela signifie que les sacrifices pour le péché et la réparation couvraient les péchés de l'adorateur et faisaient restitution pour leur culpabilité. De même que le premier sacrifice fut offert par les mains non tachées de sang de Dieu pour couvrir le péché d'Adam et le revêtir pour sa nouvelle tâche, de même, par les sacrifices rituels, Dieu donnait à son peuple une série de sacrifices qui pourraient continuer à couvrir leur péché et les rendre capables de le servir.

Les chants du Serviteur
Plus tard, le peuple abusa du système rituel des sacrifices et peu à peu Israël devait prendre conscience que ce système n'était pas définitif. Les prophètes de Dieu commencèrent à plaider en faveur d'un type nouveau de sacrifices, pour des actions pratiques aussi qui seraient des gestes symboliques pour que la moralité personnelle s'associe au rituel légal (sans pour autant que ces actions remplacent le sacrifice).

Ce développement crucial dans la prise de conscience prophétique du désir de Dieu se retrouve, par exemple, dans les Psaumes 50:8-23; 51:16-19, Proverbes 15:8; 21:27, Esaïe 1:11-20; 58:1-14; 66:1-4, 18-21, Jérémie 6:20; 7:21-28, Osée 8:11-13, Amos 5:21-24 et Michée 6:6-8.

Cette compréhension du sacrifice à la fois comme une cérémonie pour « l'expiation personnelle » et aussi comme manière continue de vivre dans la sainteté atteint son sommet dans l'Ancien Testament dans les quatre chants du serviteur du Seigneur rapportés dans Esaïe 42:1-9; 49:1-6; 50:4-11 et 52:13 à 53:12.

Ces chants présentent une personne dont la mort sacrificielle et l'expiation substitutive pour les autres et dont

Substitution et sacrifice

la vie est caractérisée par l'amour, la justice, l'humilité, la souffrance et le sacrifice de soi.

Les trois premiers chants révèlent que ce mystérieux serviteur est un individu formé par Dieu et appelé par lui alors qu'encore dans le sein de sa mère. Il est un disciple qui est rempli de l'Esprit de Dieu; il établit la justice sur la terre afin de pouvoir instruire l'humanité et nous juger par sa Parole. Il travaille dans la douceur, la tranquillité et la discrétion. Il semble perdre la partie, il accepte l'outrage et le mépris, mais il n'abandonne pas parce que *Yahvé* lui-même le soutient.

Le quatrième chant décrit les souffrances horribles du serviteur qui, bien qu'innocent, est traité comme un pécheur puni par Dieu et condamné à subir une mort honteuse. Il montre que tout cela est l'offrande volontaire du serviteur pour les pécheurs dont il prend sur lui le péché et la culpabilité et pour qui il intercède. Le chant révèle que, par un acte auparavant inimaginable de puissance, Dieu accepte la mort expiatoire de son serviteur et amène ainsi le salut de toute l'humanité.

Ces chants prophétiques extraordinaires pointent sur Jésus. En fait, tous les sacrifices de l'Ancien Testament pointent sur lui d'une manière ou d'une autre, car ils expriment un besoin que lui seul peut pleinement satisfaire et ils incarnent une foi que lui seul peut justifier. Mais, plus que cela, ils exigent un style de vie que lui seul rend possible. La victime immolée peut avoir été un substitut, mais les adorateurs devaient toujours renoncer à eux-mêmes d'une manière ou d'une autre pour Dieu.

Ces deux principes sont au centre du salut par la grâce. Christ peut avoir offert sa vie à notre place de manière permanente pour couvrir notre péché, nous unissant les uns avec les autres et nous ramenant à Dieu, mais le renoncement à soi est encore le rituel exigé des vies sur lesquelles il règne.

Le salut par la grâce

Porteur de péché

Les passages du Nouveau Testament tels que 1 Pierre 2:25 et Hébreux 9:28 enseignent que Jésus a « porté nos péchés » sur la croix. A travers les siècles, dans chaque tradition d'église, les chrétiens ont d'habitude compris cela comme signifiant que Jésus était le substitut innocent auquel Dieu avait pourvu, qui avait pris la place d'une humanité coupable et enduré la pénalité due à son péché.

Durant le vingtième siècle, toutefois, beaucoup d'enseignants ont lancé un défi à cette compréhension traditionnelle de la « substitution pénale ». Certains ont suggéré que Jésus avait porté la peine ou le poids de notre péché plutôt que la pénalité due à notre péché; alors que d'autres ont maintenu que Jésus avait pris notre place simplement en offrant une confession parfaite de nos péchés. D'autres ont même avancé l'argument selon lequel la substitution pénale présentait Dieu comme un « abuseur d'enfant cosmique » – un Père plein de vengeance punissant son Fils pour une offense qu'il n'a pas commise, sous-entendant que cette interprétation ne pouvait être vraie.

Nous devons continuer d'affirmer la compréhension traditionnelle de l'Eglise de la « substitution pénale », parce que Jésus a vraiment enduré et accompli le jugement divin destructeur (qui nous était réservé de droit) pour obtenir notre salut éternel.

Nous devrions toutefois aussi reconnaître qu'une « substitution portant la peine » et une « substitution pénitente » ont leur place dans l'image biblique du salut – et nous pouvons voir cela le plus clairement dans le rituel associé au Jour des Expiations d'Israël.

Il est vrai que, sur la croix, comme substitut, Jésus a porté ce que l'humanité ne pouvait pas porter – la punition juste du péché - et cela est fondamental pour le salut. Mais il est aussi vrai (même si cela n'est pas fondamental) qu'il a offert ce que l'humanité ne pouvait offrir, une complète confession de son péché; et qu'il a enduré ce qu'elle ne pouvait endurer – la

Substitution et sacrifice

douleur entière et la blessure de tout le mal en pensée et en action depuis le jardin d'Eden.

Le Jour des Expiations
Le concept de « porteur de péché » se retrouve dans plusieurs passages de l'Ancien Testament qui décrivent des personnes innocentes souffrant des conséquences de la culpabilité de quelqu'un d'autre: par exemple dans Exode 28:43, Lévitique 5:17; 19:8; 22:9; 24:15, Nombres 9:13; 14:34; 18:22; 30:15 et Lamentations 5:7.

Les mêmes expressions de porter la peine de son péché ou en être chargé sont utilisées lorsque Dieu lui-même pourvoit au substitut – comme dans Lévitique 10:17 et Ezéchiel 4:4-5. Cette idée importante est particulièrement mise en relief dans le rituel associé au jour annuel des Expiations – décrit dans Lévitique 16.

Le Jour des Expiations était offert un sacrifice pour le péché. Cela se passait une fois par année à l'échelle collective ou nationale – contrairement aux sacrifices réguliers et personnels pour le péché. C'était le jour le plus important du calendrier juif et la seule occasion lors de laquelle on pénétrait dans le « saint des saints », et cet accès était réservé uniquement au grand prêtre.

Le grand prêtre prenait deux boucs pour faire l'expiation (couvrir) pour tous les péchés du peuple d'Israël. Il égorgeait un bouc et aspergeait son sang sur l'autel à la façon habituelle. Il plaçait ses deux mains sur la tête de l'autre bouc, confessait toute la méchanceté et la rébellion du peuple de Dieu, et chassait le bouc loin dans le désert afin qu'il « porte » symboliquement les péchés et les éloignent.

Lévitique 16:5 montre que les deux boucs étaient un seul sacrifice: chacun d'eux représentait un aspect différent du même sacrifice. La grande révélation incluse dans le Jour des Expiations était que la réconciliation n'était possible que par un seul sacrifice de substitution qui impliquait de porter le péché.

Le salut par la grâce

Nous devons aussi observer que le processus d'expiation impliquait:
- Une confession substitutive faite par le grand prêtre.
- Le bouc-émissaire portait la peine ou le fardeau de manière substitutive.
- Le bouc sacrifié portait la pénalité de manière substitutive.

Le livre des Hébreux identifie Jésus comme le grand prêtre et comme l'équivalent des deux boucs – nous le voyons dans Hébreux 2:17; 9:7, 12 et 28. Ce fait souligne la compréhension un peu plus large de la substitution que nous avons précédemment suggérée.

Esaïe 53

Bien que les deux boucs aient joué un rôle pour porter le péché, il devait sembler clair pour beaucoup de Juifs que l'animal n'était pas adéquat pour représenter un être humain. Comme nous l'avons vu, les quatre « chants du serviteur » d'Esaïe allaient bientôt introduire le serviteur plein de douceur de Dieu qui devait souffrir, porter le péché et mourir pour le peuple.

Les souffrances et la mort du serviteur sont décrites dans Esaïe 53. Aucun passage de l'Ancien Testament n'est aussi important que celui-ci pour le Nouveau Testament.

Les versets 1, 4, 5, 6, 7, 8, 9 et 11 sont cités directement dans Jean 12:38, Matthieu 8:17, 1 Pierre 2:22-25 et Actes 8:30-35. Il y a quelque part dans le Nouveau Testament une allusion à chacun de ces versets (à l'exception du verset 2): verset 3 – Marc 9:12, verset 7 – Marc 14:61; 15:5, Luc 23:9 et Jean 19:9, verset 8 – Marc 2:20, verset 9 – Marc 14:8, verset 10 – Jean 10:11, 15 et 17, verset 11 – Matthieu 3:15, verset 12 – Luc 11:22; 22:37 et 23:34.

Esaïe 53 est sans conteste la base de la compréhension que le Nouveau Testament a de Jésus et que Jésus a de lui-même. Les paroles de Jésus dans Marc 10:45 et 14:24 se réfèrent

Substitution et sacrifice

directement à Esaïe 53:12 et démontrent qu'il comprenait sa mort comme étant faite pour porter le péché.

Le fil conducteur d'Esaïe 53 est celui de la substitution et du sacrifice. Ce texte révèle que le serviteur souffrant :

- A porté nos douleurs – v. 4
- S'est chargé de nos souffrances – v. 4
- A été blessé pour nos transgressions – v. 5
- A été brisé pour nos iniquités – v. 5
- A été châtié pour notre paix – v. 5
- A été fouetté pour notre guérison – v. 5
- A porté nos iniquités – v. 6
- A été frappé pour nos transgressions – v. 8
- A porté nos iniquités – v. 11
- A porté notre péché – v. 12

Esaïe 53:4-6 est la preuve convaincante que le Serviteur de Dieu est un substitut dont le sacrifice implique de porter à la fois la « pénalité » du péché et la « peine » du péché.

Jésus est mort pour nous

Le thème des sacrifices et de la substitution qui traverse tout l'Ancien Testament prépare le chemin à une compréhension correcte de l'enseignement du Nouveau Testament sur le fait que Jésus est mort pour les êtres humains. Nous le voyons par exemple dans Matthieu 20:28, Marc 10:45, Romains 5:6-8; 14:15, 1 Corinthiens 8:11; 15:3, 2 Corinthiens 5:14-15, 1 Thessaloniciens 5:10 et 1 Timothée 2:6.

Il y a plus de 40 prépositions grecques différentes qui peuvent être traduites par le mot français « pour » et certains érudits discernent de subtiles nuances entre deux d'entre elles. *Hyper* signifie « pour » dans le sens large de « en faveur de », alors que *anti* signifie « pour » dans le sens plus étroit de « à la place de ».

Le salut par la grâce

La plupart des passages qui décrivent Christ mourant « pour » les hommes utilisent le mot *hyper* (seuls Matthieu 20:28 et Marc 10:45 utilisent *anti*) et certains enseignants utilisent cette observation pour démontrer que la mort de Christ était simplement représentative et non pleinement substitutive.

Toutefois leur raisonnement laisse de côté l'enseignement plus large de la Bible sur les sacrifices de substitution. Ils sous-estiment le fait que le sens plus large de *hyper* inclut aussi le sens plus étroit de *anti*. En fait, les auteurs du Nouveau Testament utilisent souvent *hyper* dans un contexte qui signifie clairement « à la place de » – par exemple dans 2 Corinthiens 5:20 et Philémon 1:13.

Hyper est utilisé dans trois des déclarations les plus fortes du Nouveau Testament sur la mort de Christ – 2 Corinthiens 5:21, Galates 3:13 et 1 Timothée 2:6. Dans ces versets, Paul explique que la mort de Christ était pour notre bénéfice, et dans ce sens elle était « en notre faveur ». Mais 2 Corinthiens 5:21 doit aussi signifier que Jésus a porté la pénalité de notre péché « à notre place ». De même, Galates 3:13 doit signifier que la malédiction de la Loi reposant sur nous a été transférée sur lui afin qu'il la porte « à notre place ».

Ces versets montrent qu'un échange mystérieux prend place lorsque nous sommes unis à Christ. Il prend notre malédiction afin que nous puissions recevoir sa bénédiction, il devient péché avec notre péché afin que nous puissions devenir justes avec sa justice.

L'apôtre Paul appelle cet échange « l'imputation », notamment dans Romains 4:6, 1 Corinthiens 1:30 et Philippiens 3:9. Notons que cette imputation implique l'acceptation des conséquences légales plutôt que le transfert de qualités morales (même si ces qualités grandissent effectivement en nous par l'œuvre du Saint-Esprit.)

Notre état de péché intérieur n'a pas été transféré à Jésus pour le rendre personnellement pécheur, et sa perfection morale ne nous a pas été transférée pour nous rendre personnellement parfait. Au lieu de cela, à la croix, en tant que substitut, Jésus a volontairement accepté la responsabilité ou la conséquence de nos péchés – c'est ce que la Bible veut dire par les expressions « fait péché » et « fait malédiction ».

De manière similaire, « la justice de Dieu » qui nous est imputée lorsque nous sommes « en Christ » n'est pas une justice instantanée du caractère ou de la conduite. Il s'agit d'une position juste instantanée devant Dieu.

Ce n'est donc pas une justice impartie, mais une justice imputée. Il s'agit d'une justice étrangère à nous, qui vient de l'extérieur de nous-mêmes. Nous recevons la justice de Christ afin de nous tenir dans l'impunité et la joie devant Dieu. L'importance de ce point de vue juridique ou légal ne peut être exagérée.

Le substitut

Dans *Connaître le Père* et *Connaître l'Esprit*, nous voyons combien il est important de comprendre correctement la nature du Dieu trinitaire; et dans *Connaître le Fils* nous considérons avec quelques détails la pleine nature de Jésus. Pour dire les choses simplement, nous ne comprendrons jamais la croix correctement avant d'avoir saisi quelles sont les natures du Père, du Fils et de l'Esprit.

La plupart des objections séculières à la croix sont basées sur des idées reçues sur Dieu et sur Christ ; et quasiment toutes les incompréhensions chrétiennes sur le salut viennent d'une image faussée de la relation entre le Père et le Fils.

L'idée de substitution repose sur l'identité du substitut. Chacun sait que Christ était le substitut, mais nous devons comprendre précisément qui est ce Christ qui est mort sur la croix.

Un Jésus indépendant

Les incroyants pensent que la personne qui est morte sur la croix était un simple être humain. Bien que la plupart des chrétiens rejettent cette idée pour les raisons que nous avons montrées dans *Connaître le Fils*, beaucoup de croyants pensent

Le salut par la grâce

que le Fils était un être individuel qui était séparé de Dieu – une tierce personne indépendante dans l'acte du salut.

Cela signifie qu'ils présentent la croix soit comme Jésus essayant de pacifier un Dieu en colère et d'obtenir un salut cédé de mauvaise grâce, soit comme un Dieu injuste qui tue un Jésus innocent à la place des vrais coupables.

Nous démontrons dans *Connaître le Père* qu'il s'agit là d'une grave caricature du Père. Il ne souffre pas, il ne pardonne pas à l'humanité à contrecœur, et il n'est pas un tyran froid dont la colère doit être apaisée et dont l'antipathie vis-à-vis de l'humanité doit être vaincue par quelqu'un d'autre que lui-même, une tierce personne.

Cette approche qui suppose une « tierce personne » oppose le Fils au Père alors qu'il n'y a jamais eu de discorde ni de conflit entre eux. Quels que soient les événements de la croix, tout a été voulu et accepté par le Père et le Fils également.

La seconde clause d'Esaïe 53:10 est notoirement difficile à traduire. L'hébreu ne montre pas clairement qui fait l'offrande : la clause pourrait signifier soit « bien que (/si/après que) Dieu offre son serviteur en sacrifice de culpabilité » soit « bien que (/si/après que) le serviteur s'offre en sacrifice de culpabilité ».

A première vue, le Nouveau Testament apparaît tout aussi ambigu. Des passages tels que Marc 14:27, Jean 3:16, Romains 3:25 ; 8:3, 32 et 2 Corinthiens 5:21 insistent pour dire que le Père a sacrifié le Fils. Alors que Matthieu 20:28, Galates 2:20, Ephésiens 5:2, 25, 1 Timothée 2:6, Tite 2:14, Hébreux 9:14 et 26 soulignent que c'est le Fils qui s'est sacrifié lui-même.

Une fois de plus, la vérité est *parallèle* et *interdépendante*. Le Père a donné son Fils et le Fils s'est donné librement lui-même. Le Père a sacrifié son Fils et le Fils s'est volontairement sacrifié lui-même. Le Père n'a pas imposé au Fils un supplice qu'il n'était pas prêt à supporter, et le Fils n'a pas surpris le Père par son acte d'humiliation. Galates 1:4 et Jean 10:17-18 expriment ce paradoxe sans laisser d'ombre.

Dans un sens, l'histoire d'Abraham et d'Isaac sur le mont Morija est une préfiguration évidente de la croix, car nous y

Substitution et sacrifice

voyons le père prêt à sacrifier son fils favori. Et le fils est prêt à être la victime volontaire. Toutefois à un autre niveau, l'image est totalement inadéquate, car Abraham et Isaac sont des êtres séparés et indépendants.

Nous avons vu à travers cette série *Epée de l'Esprit* que Dieu n'est pas divisé en trois. Il est un, mais plus qu'un. Le Père, le Fils et l'Esprit ne sont pas trois individus distincts; ils sont trois distinctions personnelles à l'intérieur d'un être unique qui révèle son unité essentielle dans une triple diversité « d'uni-personnes », de caractéristiques et de fonctions.

Si nous ne comprenons pas bien cette unité divine absolue, nous pourrons facilement tomber dans l'erreur quand nous considérerons la croix. Si nous pensons au Père et au Fils comme à des individus séparés, nous allons inévitablement caricaturer le calvaire soit comme Dieu punissant un Jésus innocent soit comme Jésus persuadant un Père qui hésite à pardonner.

Mais 2 Corinthiens 5:18-19 montre clairement que le sacrifice n'était pas fait par Christ seul, ou par Dieu seul, mais par Dieu agissant dans et par Christ avec son plein accord. Ils travaillaient ensemble dans l'harmonie. Leurs fonctions pouvaient être différentes mais leurs volontés étaient unes. Ils étaient co-dépendants et non indépendants.

Dieu lui-même

L'unité essentielle de Dieu a conduit certaines personnes (qu'on appelle d'habitude « unitariens ») à croire que Dieu seul était le substitut, qu'il avait pris notre place et qu'il était mort pour nous.

Leur argument repose sur 1 Corinthiens 2:8 qui dit que c'est le Seigneur de gloire qui a été crucifié ; l'Apocalypse révèle que l'Agneau qui est mort est au centre du trône de Dieu ; Hébreux 9:17 enseigne que nous pouvons bénéficier des promesses dans un testament qu'après la mort du testateur; et Actes 20:28 annonce que Dieu a racheté l'Eglise par son propre sang.

Tous ces arguments tombent, tout simplement parce

Le salut par la grâce

qu'aucun de ces versets ne spécifie que Dieu lui-même est mort à la croix. D'autre part, il faut réaliser que l'immortalité de Dieu signifie qu'il n'aurait pas pu mourir.

Le bon sens devrait suffire à nous convaincre que Dieu devait simplement devenir homme (mais sans cesser pour autant d'être Dieu, sans devenir indépendant de Dieu) s'il devait mourir en tant que notre substitut et être simultanément le Juge et la victime innocente. Hébreux 2:14-18 et Philippiens 2:6-8 montrent cela assez clairement.

Nous notons dans *Connaître le Père* que le Nouveau Testament fait habituellement allusion à « la première uni-personne de Dieu, le Père » lorsqu'il mentionne « Dieu ». C'est une autre raison pour laquelle dire que « Dieu » est mort sur la croix peut induire en erreur.

C'est, en effet, le Fils pleinement homme et pleinement Dieu qui est mort sur la croix – car c'était le Fils pleinement homme et pleinement divin qui est mort, et non le Père pleinement divin.

Si nous exagérons les souffrances de « Dieu » sur la croix, nous sommes en danger de confondre les « uni-personnes » de la trinité, de renier le caractère éternellement distinctif du Fils, et de renier la pleine humanité de Jésus.

Des passages tels que Romains 5:12-19, Galates 4:4, Philippiens 2:7-8 et Hébreux 5:8 soulignent « l'unité et la distinction fonctionnelle » à l'intérieur de Dieu en mettant en relief la soumission volontaire du Fils au Père. Comme nous le voyons dans *Connaître le Fils*, c'est là l'essence de la filialité de Jésus.

Dieu-en-Christ

Le substitut qui a pris notre place a offert notre pleine confession, a porté la peine de tout notre péché et enduré la pénalité due à toute notre désobéissance rebelle. Ce substitut n'était pas Christ seul (ce qui ferait de lui une tierce personne extérieure) ni Dieu seul (parce que cela nierait l'incarnation).

Au lieu de cela, le Substitut sur la croix était *Dieu-en-Christ*,

Substitution et sacrifice

pleinement homme et pleinement divin, qualifié de manière unique pour représenter à la fois Dieu et l'humanité, et pour être le médiateur entre eux.

Chaque fois que nous pensons à la croix en termes de « Christ souffrant et mourant », nous sous-estimons l'initiative pleine de grâce du Père.

Mais chaque fois que nous pensons à la croix en termes de « Dieu souffrant et mourant », nous sous-estimons la médiation pleine de grâce du Fils.

Contrastant avec ces approches partielles, le Nouveau Testament souligne de manière constante que le Père a agi dans le salut « dans et par Christ avec son accord total ». Nous le voyons par exemple dans Matthieu 1:1-23, Marc 14:36, Luc 2:11, Jean 4:34; 6:38-39; 8:29; 10:18, 30; 14:11; 15:10; 17:4, 21-23; 19:30, 2 Corinthiens 5:17-19, Colossiens 1:19-20; 2:9 et Hébreux 10:7.

Il est donc évident que seul un homme *devait* faire l'expiation pour les péchés de l'humanité (parce que ce sont des hommes et des femmes qui ont péché) et que seul Dieu *pouvait* faire l'expiation nécessaire (parce que c'est lui qui l'a justement exigé et que les humains ne pouvaient pas y pourvoir par eux-mêmes).

Jésus-Christ est donc le seul substitut possible, parce qu'il est la seule personne en qui le *devait* et le *pouvait* sont unis, en vertu de sa nature pleinement humaine et pleinement divine.

La croix

Les idées « d'unité divine » et de « Dieu-en-Christ » signifient premièrement qu'il n'y a que deux participants dans le drame de la croix, et non trois: l'humanité et Dieu; deuxièmement, ces deux notions signifient que tout est grâce en fin de compte.

En donnant son Fils, Dieu s'est gracieusement offert pour nous. En envoyant le Fils, il est gracieusement venu lui-même à nous. Par grâce, le Juge est intervenu et a lui-même enduré la pénalité qu'il nous avait imposée. Ainsi, pour sauver l'humanité pécheresse d'une manière qui fut pleinement cohérente avec

Le salut par la grâce

sa sainte nature, Dieu-en-Christ s'est gracieusement substitué lui-même à nous.

Tout ce que nous avons examiné dans les chapitres deux et trois devrait nous convaincre que la « cohérence de Dieu avec lui-même par la substitution divine » est la seule explication possible de la croix. Avant d'aller plus loin pour considérer ce qui s'est passé à la croix, quelles en sont les conséquences et les implications pour nous, nous avons besoin d'être absolument au clair sur ce que la croix est et ce qu'elle n'est pas.

Par exemple, la croix n'était pas:

- Une négociation avec le diable.
- L'exigence d'un code de loi ou d'un code de l'honneur.
- La punition d'un Jésus innocent par un Père dur.
- Un moyen d'extorquer le salut d'un Père méchant.
- Une action du Père qui court-circuitait la médiation de Christ.

Au lieu de cela, le Dieu juste et aimant s'est humilié lui-même pour devenir, dans et par son seul Fils, une chair humaine, et pour endurer et accepter les terribles conséquences du péché de l'homme. Il l'a fait gracieusement afin qu'il puisse nous sauver sans compromettre son caractère divin et saint.

De bien des manières, la substitution est au cœur à la fois du péché et du salut. Nous pouvons dire que l'essence du péché est l'humanité se substituant à Dieu, alors que l'essence du salut est Dieu se substituant lui-même à l'humanité.

Par notre péché de rébellion, nous nous plaçons là où seul Dieu devrait être; et par sa grâce étonnante, Dieu se place là où seuls nous méritions de nous trouver. Vraiment, ce salut est par grâce.

Chapitre Quatre

Alliances de grâce

Durant le « dernier repas », lorsque Jésus et ses apôtres s'étaient réunis pour manger le repas de la Pâques, Jésus prit un morceau de pain, rendit grâce pour le pain, le rompit en morceaux et le tendit autour de lui avec les mots rapportés dans Matthieu 26:26-28, Marc 14:22-24, Luc 22:17-19 et 1 Corinthiens 11:23-25.

De la même manière, après le repas, Jésus prit une coupe de vin, rendit grâce pour le vin, la passa aux disciples et dit : « Cette coupe est la nouvelle alliance en mon sang », et « Ceci est mon sang, le sang de l'alliance, qui est répandu pour beaucoup, pour le pardon des péchés. »

Nous considérons le repas de communion que Jésus a institué dans *La Gloire dans l'Eglise* où nous examinons ses racines dans le repas familial de la Pâques. Ici, toutefois, nous devons saisir cette affirmation importante de Jésus qui dit que par son sang versé à sa mort, Dieu prenait l'initiative d'établir une « nouvelle alliance » ou un « nouveau contrat » avec son peuple. Cette alliance promettait le pardon.

Si nous voulons comprendre la « nouvelle alliance » correctement, nous devons considérer les « anciennes alliances » qui l'ont précédée et ont préfiguré la mort de Jésus à la croix.

Les anciennes alliances
Genèse 6:18 rapporte la première mention d'une nouvelle alliance et pose ainsi le fondement d'un grand nombre de principes bibliques importants concernant l'alliance. Dieu a pris l'initiative et a contracté un accord avec Noé qui promettait le salut par grâce. Il ne s'agissait pas d'un contrat entre Dieu et Noé sans lequel les deux parties avaient un bénéfice. Tout était

Le salut par la grâce

grâce, tout était de Dieu, tout était pour le bénéfice et le salut de Noé et sa famille dans un temps de jugement.

Dieu annonça simplement à Noé qu'il établirait son alliance avec lui. C'était l'alliance de Dieu. Il l'établissait de manière unilatérale et inconditionnelle. Il s'agissait d'une dispensation souveraine de grâce salvatrice de et par Dieu envers Noé et sa famille.

Même si l'alliance était toute grâce, la famille de Noé dut répondre à cette offre en entrant dans l'arche pour expérimenter les bénéfices de l'alliance du salut. Nous pouvons dire que l'alliance était toute grâce, mais que la famille de Noé devait s'approprier de la promesse par une foi remplie d'obéissance. Néanmoins il s'agissait du salut par la foi, et non par les œuvres. L'action était simplement de croire Dieu et de se confier à l'arche, c'est-à-dire à Christ.

L'alliance avec Noé

Une fois les eaux du déluge disparues, Dieu répéta sa promesse d'alliance à Noé et sa famille. Genèse 9:9-17 décrit ce qui s'est passé et révèle même plus clairement encore la nature essentielle des alliances de Dieu.

Une fois de plus, il n'y a pas « d'accord bilatéral »; tout était grâce, tout était l'initiative de Dieu et l'action de Dieu, tout était au bénéfice de Noé et sa famille. Nous pouvons dire que cette ancienne alliance était:

- Voulue, initiée et établie entièrement par Dieu lui-même.

- De portée universelle – elle couvrait non seulement Noé mais aussi ses descendants – cela prouve que le don de la grâce est indépendant d'une réponse favorable de la part des bénéficiaires.

- Inconditionnelle – il n'y avait pas de condition à remplir – en fait il n'y avait même pas d'obligation à long terme à observer, ce qui montre qu'il était impossible que cette alliance soit rompue.

Alliances de grâce

- Accompagnée par un signe de confirmation – l'arc-en-ciel ne pouvait être contrôlé ni manipulé par l'humanité, et il était la garantie que Dieu donnait de sa fidélité.
- Eternelle – il n'y a jamais d'incertitude concernant une promesse inconditionnelle.

L'alliance avec Abraham

Dieu parla à Abraham dans Genèse 12:1-3 et Abraham répondit par la foi en quittant Charan pour le pays de Canaan.

Bien des années plus tard, Dieu confirma sa parole à Abraham dans Genèse 15:1. Mais cette fois-ci, dans Genèse 15:2-3, Abraham posa à Dieu des questions sur la manière dont la promesse s'accomplirait. Dieu répondit à Abraham aux versets 4-5, et – en contemplant les étoiles dans le ciel – Abraham « vit » la promesse de Dieu pour lui et crut. C'est le prototype pour toute « justification par la foi seule ».

Le verset 6 rapporte qu'Abraham a mis sa foi en Dieu et que cela lui a été crédité comme justice. Même ainsi, Abraham voulait être 100% sûr que la promesse de Dieu s'accomplirait, et – au verset 8, demanda à Dieu comme garantie un signe qui lui confirmerait la parole de Dieu. En réalité, il était en train de demander à Dieu d'entrer avec lui dans un accord qui lierait Dieu à Abraham.

Dieu répondit en établissant l'alliance décrite aux versets 9 à 21. Cette alliance ressemble aux rituels d'alliance anciens décrits dans Jérémie 34:18: dans ces rituels, les deux parties passaient entre les morceaux d'animaux égorgés et invoquaient sur eux-mêmes le sort des victimes sacrifiées au cas où ils rompraient le contrat.

Toutefois, dans le cas d'Abraham, Dieu fut le seul à passer entre les morceaux d'animaux pour montrer ainsi que ses alliances sont toujours des pactes unilatéraux: ils sont exclusivement et entièrement des initiatives de la grâce. La flamme, dans cette histoire, est *Yahvé* lui-même, comme dans

Le salut par la grâce

Exode 3:2; 13:21 et 19:18. Les ténèbres et la durée du sacrifice préfiguraient le calvaire où Dieu devait faire une alliance similaire par le sang versé et le corps brisé de Jésus.

Dans cette alliance de sang avec Abraham, Dieu était en train de dire: « Qu'il en soit fait de moi comme de ces animaux coupés en morceaux si je manque à ma parole envers toi. » Cette alliance anticipait un autre épisode. Elle préparait le chemin au serment que Dieu allait faire dans Genèse 22:16-17 au moment où la foi d'Abraham aurait atteint sa plénitude.

Cette ancienne alliance nous aide à comprendre que le sang de Christ sur la croix est le serment solennel de Dieu qu'il gardera sa promesse de nouvelle alliance de nous pardonner.

Le sang est une aide donnée par Dieu à la foi, l'assurance dont nous avons besoin à cause de notre faiblesse. Nous devrions aussi être capables de voir comment le sang anticipe également le serment de Dieu pour nous, son « arc-en-ciel » dans notre vie – l'onction de l'Esprit venant sur nous.

L'alliance avec Israël

Certaines traditions d'églises soutiennent que cette alliance est très différente des autres et qu'il s'agit d'une alliance « des œuvres » plutôt qu'une alliance « de grâce ». Mais les passages tels qu'Exode 2:24; 3:16; 6:4-8, Psaumes 105:8-12, 42-45 et 106:45 nous montrent que toute la manière d'agir de Dieu envers Israël était basée sur son alliance qui le liait par serment à Abraham.

De même que les alliances de Dieu avec Noé et Abraham furent déclarées en plusieurs étapes, de même il fit une alliance avec son peuple par Moïse en plusieurs étapes. Les détails de ces étapes peuvent différer mais les principes de la grâce et de la promesse se retrouvent dans tous ces stades de l'alliance, comme un fil conducteur.

Nous devrions comprendre que:

- ◆ L'alliance de Dieu dans Exode 19:5; 24:1-18; 34:1-35 et Deutéronome 29:1-29 fut contractée avec son peuple qui avait déjà été choisi, racheté, créé et

Alliances de grâce

adopté par la grâce souveraine de Dieu.

- Nous voyons cela dans Exode 2:25; 4:22-23; 6:6-8; 15:13; 20:2, Deutéronome 4:37; 7:6-8; 8:5, 17-18; 9:4-6, 26; 13:5; 14:1-2; 21:8; 32:6, 1 Chroniques 29:10, Esaïe 63:16; 64:8, Jérémie 3:19; 31:9, Osée 9:1; 13:5, Amos 3:2, Malachie 1:6 et 2:10.

- La relation spirituelle qui se trouvait au cœur des alliances de Dieu avec Noé et Abraham était aussi au centre de l'alliance de Dieu avec Israël – Exode 6:7 et Deutéronome 29:10-13.

- L'initiative souveraine et pleine de grâce de Dieu était au premier plan de cette alliance avec Israël – Exode 19:5-8; 24:3-4 et Deutéronome 4:13-14.

L'accord de Dieu avec Israël est souvent appelé une « alliance » de « loi » ou « d'œuvres » parce qu'elle met tellement d'accent sur l'obéissance d'Israël à la loi – ce qui était une addition à la promesse de base de Dieu à Abraham. Le peuple de Dieu serait maintenant béni chaque fois qu'ils obéiraient à la loi et maudit chaque fois qu'ils lui désobéiraient.

Cette obligation d'obéissance était – en principe – similaire aux obligations que Dieu avait données dans Genèse 6:18-22; 17:9-14 et 18:18-19. Or, aucune de ces obligations n'étaient des conditions à ces alliances. Elles étaient simplement des moyens de s'approprier les bénédictions de l'alliance et d'en jouir.

Par grâce, les alliances successives de Dieu ont créé la possibilité pour son peuple de vivre dans une relation d'alliance avec lui. Or, puisque Dieu est saint, ceux qui entrent dans une relation avec lui sont appelés à vivre dans et avec sa sainteté. Nous voyons cela dans Deutéronome 6:4-15, Lévitique 11:44-45; 19:2; 20:7, 26; 21:8 – et dans 1 Pierre 1:15 et Hébreux 2:14.

Certains chrétiens interprètent Exode 19:5-6 et 24:7-8 comme signifiant que l'alliance avec Israël n'a pas commencé avant que le peuple ait promis d'obéir à la loi. Mais l'alliance avait commencé avec Abraham, et la loi était simplement une

Le salut par la grâce

addition à cette alliance préexistante. Or, la « promesse » est mise en contraste avec « la loi » dans Romains 4.

Le peuple savait que Dieu était un Dieu qui garde son alliance parce qu'il les avait délivrés de l'Egypte. Ils savaient que l'alliance était déjà en opération; que la grâce avait été donnée et reçue; que l'accord entre Dieu et les enfants d'Abraham existait déjà. Maintenant, toutefois, la loi avait été ajoutée à l'alliance.

Cela signifie que la promesse d'obéir des enfants d'Israël dans Exode 24:7 n'était pas leur porte d'entrée dans l'alliance, mais leur engagement à vivre dans l'alliance par la loi. C'était leur réponse à la grâce de Dieu.

Dans l'ensemble de cette série *Epée de l'Esprit*, nous soulignons qu'en tant que croyants dans la nouvelle alliance, nous sommes appelés à une « obéissance de l'évangile » - à une « capacité particulière d'obéir au règne personnel de Dieu ». Bien que le type d'obéissance dans la nouvelle alliance soit merveilleusement différent de « l'obéissance légale » de l'ancienne alliance, nous devons comprendre que l'obligation d'obéissance dans la nouvelle alliance est, en principe, la même obligation que celle qui figurait dans les anciennes alliances de Dieu.

Comme nous le voyons dans les chapitres cinq à huit, même si chaque aspect de la nouvelle alliance est un fait accompli, nous ne jouissons pas de la pleine bénédiction de l'alliance sur la terre sans persévérance et sans une obéissance aimante.

L'alliance messianique
Même si le mot « alliance » n'est pas utilisé dans 2 Samuel 7:12-17, il est évident d'après des passages tels que les Psaumes 89:3-4 et 132:11-18 qu'il s'agit d'un accord qui lie Dieu à David.

Une fois de plus, il est clair qu'il s'agit entièrement d'une œuvre de grâce qui lie Dieu à sa promesse unilatérale et garantit la promesse aux bénéficiaires. Nous le voyons notamment dans le Psaume 89:4 et 2 Samuel 23:5.

Alliances de grâce

Cette manifestation « finale » de l'ancienne alliance est la préfiguration la plus claire de la nouvelle alliance dans et par Jésus, car elle pointe directement sur le Messie. Nous le voyons dans Esaïe 42:1-6; 49:8; 55:3-4, Malachie 3:1, Luc 1:32-33 et Actes 2:30-36.

Les passages d'Esaïe révèlent que le « Serviteur » (que nous considérons au chapitre 3) est lui-même « l'alliance ». En effet, les bénédictions et la provision de l'alliance de Dieu avec son peuple sont tellement liées au Messie qu'il est en fait la personnification des bénédictions et de la présence de Dieu qu'assure cette alliance.

Ce survol biblique des anciennes alliances devrait être suffisant pour nous convaincre que Dieu agit envers son peuple par des alliances et à partir de:

- La richesse de sa grâce d'alliance
- La certitude de sa provision d'alliance
- L'assurance de ses promesses d'alliance

La nouvelle alliance

Nous lisons l'annonce de Jésus selon laquelle son sang est le sang de la nouvelle alliance qui est versé pour le pardon des péchés, et que la coupe du dernier repas est la nouvelle alliance en son sang. Nous ne pouvons comprendre ses paroles correctement que dans le contexte des alliances bibliques.

Sans avoir lu une page du Nouveau Testament, nous pouvons deviner qu'une nouvelle alliance sera un acte dû entièrement à la grâce, qu'il procurera des bénédictions significatives, garantira d'importantes promesses, établira une sainte relation entre Dieu et son peuple, et exigera une certaine forme d'obéissance. Ces caractéristiques de la nouvelle alliance sont déjà anticipées dans l'Ancien Testament en Jérémie 31, par exemple.

Le Nouveau Testament enseigne que la nouvelle alliance a accompli les anciennes alliances et les a amenées à maturité. La grâce qui était partiellement révélée dans les anciennes

Le salut par la grâce

alliances était pleinement révélée et accordée. La relation dont on pouvait partiellement jouir dans l'ancienne alliance était amenée au plus grand degré d'intimité possible. Les bénédictions des anciennes alliances étaient développées, augmentées, intensifiées, complétées, achevées…

Nous pouvons voir cela dans Galates 3:15-22 où l'apôtre Paul souligne que l'alliance avec Israël n'a pas annulé l'alliance avec Abraham. Il explique que cette alliance avec Israël était une addition et non une suspension, qui était au service de la promesse de base d'une relation ; et il montre que les deux alliances étaient basées sur le même principe fondamental de grâce promise et de foi humaine.

De même que les alliances plus récentes complémentaient les précédentes, Galates 3:15-16 présente Christ comme l'accomplissement de la promesse de l'alliance faite à Abraham. Luc 1:72 rapporte aussi la prophétie de Zacharie selon laquelle l'œuvre rédemptrice de Jésus accomplira l'alliance de Dieu avec Abraham.

Même si nous savons que la nouvelle alliance se réfère essentiellement à la nouvelle relation établie par le corps brisé de Jésus sur la croix, nous pouvons être sûrs que la nouvelle alliance contient toute la grâce, la bénédiction, la vérité et les promesses salvatrices de toutes les alliances précédentes.

Il y a à la fois discontinuité et continuité entre les anciennes alliances et la nouvelle. Les anciennes mettaient l'accent sur les choses extérieures et relativement peu de personnes connaissaient Dieu personnellement et intimement par le Saint-Esprit. L'accent de la nouvelle alliance, toutefois, est intérieur et la possibilité existe maintenant pour tous de connaître Dieu – Jérémie 31:34 et Hébreux 8:11. Ainsi le nouveau surpasse l'ancien – il apporte une dynamique totalement nouvelle à notre relation avec Dieu. Mais le nouveau accomplit aussi l'ancien.

2 Corinthiens 3:6-18 décrit quelques-uns des nouveaux bénéfices de la nouvelle alliance: elle apporte la justice, la liberté, et l'Esprit de vie; et elle met en route le processus

Alliances de grâce

par lequel (par l'obéissance de l'Evangile) nous sommes transformés en la sainte image de Dieu par l'Esprit du Seigneur.

Nous avons vu que les alliances de Dieu avec son peuple sont toujours unilatérales, des accords de grâce et de promesse dans lesquels Dieu s'engage, et qu'elles sont toujours établies dans le contexte du salut et de la rédemption.

Depuis le temps de Noé jusqu'à aujourd'hui, la grâce salvatrice de Dieu et certaines bénédictions ont toujours été données sous la forme d'alliances. Chaque alliance successive a dévoilé un peu plus de la volonté rédemptrice de Dieu et de ses buts, pourtant aucune d'entre elles n'a dévié des caractéristiques centrales et dominantes de toutes les alliances. Chaque alliance a toujours été un enrichissement nouveau de ce qui avait déjà été présent.

Nous savons que le Calvaire est le sommet de la grâce, la promesse, la rédemption, la révélation et la relation. Mais nous ne devons pas oublier que la promesse éternelle de l'alliance « Je serais votre Dieu et vous serez mon peuple », est au centre de la croix. La nouvelle alliance par le sang de Christ apporte cette relation à son niveau le plus élevé. Ainsi, il ne peut y avoir de plus grande promesse ou de relation plus intime que celles qui nous ont été gracieusement acquises par la nouvelle alliance.

Les alliances de sang

Nous avons vu que le Nouveau Testament, spécialement Galates 3, considère rétrospectivement l'alliance de sang de Dieu avec Abraham comme étant le fondement de la foi chrétienne. Cette alliance particulière établit la nouvelle alliance de sang sur la base de l'alliance abrahamique de grâce, de promesse et de foi.

L'alliance de sang de Genèse 15:17-18 de Dieu avec Abraham développait la grâce déjà reçue dans l'alliance de Noé. Dieu n'avait aucune exigence, et Abraham n'offrait aucune promesse. Ces dernières vinrent plus tard, dans Genèse 1:1 et 22:12, au moment où Dieu appela Abraham dans une relation

Le salut par la grâce

plus profonde et un style de vie plus saint, mais l'alliance de sang en elle-même était une occasion de pure grâce.

Les manquements d'Abraham ne furent pas mentionnés et ne firent pas obstacles à l'alliance. L'alliance fut faite après qu'Abraham eut montré sa foi et avant que son obéissance ne soit exigée, testée et confirmée. C'est exactement le même principe de toute grâce qui est suivi dans l'alliance du sang du Calvaire.

Lorsque 1 Corinthiens 11:25 et Hébreux 8:6-10 décrivent la croix en termes de nouvelle alliance, ces passages signifient que « le sang » est l'engagement de Dieu envers l'humanité. Dieu n'avait jamais rompu la promesse de Genèse 15, pourtant il laissa arriver à lui-même ce qui était arrivé aux animaux, au moment du Calvaire.

A la croix, il n'y avait pas d'exigence d'obéissance, seulement une offre de pardon. Nos manquements et nos doutes n'ont pas fait obstacle à l'alliance, car il s'agissait d'une autre occasion de pure et entière grâce.

Depuis la nouvelle alliance de sang à la croix, il n'y a rien de plus que Dieu puisse faire. Il a fait sa promesse inconditionnelle et éternelle, et le sang témoigne de la sincérité et la fidélité totales de Dieu. Le sang lie maintenant Dieu à sa parole pour toute l'éternité.

Le sang de Christ

Certaines parties de l'Eglise aujourd'hui se concentrent sur le sang de Christ et attachent beaucoup d'importance à des expressions telles que « lavé dans le sang », « couvert par le sang », « promis par le sang » et « garanti par le sang ».

« Le sang » se réfère littéralement au sang qui a été versé de Jésus à la croix, mais la plupart des croyants utilisent le mot comme une abréviation du sacrifice total de Jésus à la croix. Nous ne devons jamais nous éloigner de ce point de vue littéral sur le sang, mais nous pouvons dire que le « sang » représente la totalité de la mort de Christ, et qu'il est l'engagement de Dieu à sa nouvelle alliance.

Alliances de grâce

La lettre de Paul aux Romains contient l'explication biblique la plus claire et la plus détaillée. Paul utilise beaucoup de mots imagés de son époque tels que la « justification », la « rédemption » et la « propitiation » pour décrire les résultats de la mort de Christ – et nous considérons ces termes au chapitre cinq.

Au chapitre cinq des Romains, Paul commence à développer le grand thème de la justification par la foi, expliquant que Christ est mort à notre place, et montrant ensuite que le but ultime de tout cela était que nous puissions être réconciliés avec Dieu.

Comme nous l'avons vu dans *Atteindre les Perdus*, la réconciliation n'est pas un aspect du salut, c'est le but suprême de tout le salut. Nous sommes rachetés, justifiés et pardonnés afin que nous soyons réconciliés avec Dieu. Et c'est le sang de Jésus, versé dans sa mort substitutive pleine de foi qui d'une part accomplit et d'autre part prouve notre réconciliation.

Le Nouveau Testament enseigne que le sang de Jésus a opéré ce que les sacrifices de l'Ancien Testament ne pouvaient que symboliser et que les anciennes alliances ne pouvaient que préfigurer – le pardon éternel du péché.

Le sang du sacrifice
Nous avons vu qu'à la Pâque, le sang d'un animal sacrifié – il pouvait s'agir d'un agneau, ou d'un bouc – était répandu par la foi sur les linteaux des maisons juives en signe qu'ils étaient le peuple de l'alliance de Dieu.

Lorsque Dieu voyait le sang, il passait par-dessus la maison et ne détruisait pas le premier-né au moment où sa colère visitait l'Egypte. C'est pourquoi Jésus est appelé « l'Agneau pascal », car c'est par notre foi dans le sang de son alliance que Dieu passe sur nous et ne nous punit pas de notre péché.

Nous avons vu aussi que le Jour des Expiations, un taureau était sacrifié pour les péchés du Grand Prêtre et de sa famille et que deux boucs étaient sacrifiés pour la culpabilité et le péché du peuple. Le sang du taureau et du bouc sacrificiel

Le salut par la grâce

étaient ensuite aspergés par le Grand Prêtre sur et devant le propitiatoire et l'autel en acte d'expiation pour les impuretés et la rébellion des Israélites.

De la même manière, la mort de Jésus est reconnue dans tout le Nouveau Testament comme étant essentiellement un sacrifice pour le péché de l'homme. Nous le voyons par exemple dans 1 Corinthiens 5:7, 2 Corinthiens 5:14, Galates 2:20, Ephésiens 5:2, Hébreux 5:10, 1 Pierre 3:18 et 1 Jean 2:2.

Cela signifie que le sang est la preuve et l'assurance de la mort d'un sacrifice, ainsi que l'engagement de l'alliance de Dieu. Le Nouveau Testament identifie dix manières dont « le sang » nous assure de la nouvelle alliance de Dieu avec nous. Nous pouvons dire avec confiance que le sang nous garantit :

1. Le pardon – Ephésiens 1:7
2. La purification – 1 Jean 1:7
3. La justice – Romains 5:9
4. La rédemption – Ephésiens 1:7
5. La sanctification – Hébreux 10:10 et 13:12
6. Le rachat – 1 Corinthiens 6:19-20
7. La délivrance de la malédiction de la loi – Galates 3:13
8. L'héritage promis – Hébreux 9:15-18
9. L'affranchissement par rapport aux liens héréditaires – 1 Pierre 1:18-19
10. La victoire sur Satan – Colossiens 2:15, Hébreux 2:14 et Jean 12:31-33.

Toutes ces promesses d'alliance sont résumées et il y est fait implicitement référence dans la phrase « le sang de Christ ». Son sang est la garantie visible de tous ces accomplissements. Cela signifie que nous devons croire dans un Dieu de sacrifice par le sang et d'alliances de sang ; et que nous devons considérer le « sang » non seulement comme central dans les Ecritures mais aussi comme étant au cœur de la nature de l'alliance divine.

Alliances de grâce

Un signe d'amour
Le Nouveau Testament définit toujours l'amour en termes du sacrifice de Dieu sur la croix, par exemple dans Romains 5:8, 1 Jean 3:15-20 et 4:7-21.

A la croix, Dieu a tout donné à cause de son amour pour ceux qui ne méritent rien sinon sa juste condamnation. Le Père a donné le Fils pour ceux qui préfèrent adorer d'autres dieux; le Fils s'est donné lui-même pour ceux qui l'ignorent constamment; et ils ont renoncé tous les deux à leur relation l'un avec l'autre à cause de leur amour inimaginable pour nous tous.

Depuis le sacrifice sanglant du calvaire, personne ne peut regarder à la croix et remettre l'amour de Dieu en question – parce que rien ne révèle plus clairement l'amour de Dieu que le « sang ».

Dit simplement, le sang prouve pour toute l'éternité que Dieu nous aime et nous inclut dans son peuple d'alliance.

Cela signifie que nous pouvons dire que le sang de Christ est l'assurance de:

- ◆ Qui Dieu est
- ◆ Ce que Dieu a fait pour nous dans le salut
- ◆ Toutes les bénédictions de l'alliance

Un gage d'assurance
Nous voyons dans *Une Foi Vivante* qu'il nous a été donné une double garantie pour notre foi: la parole de Dieu et le sang de la nouvelle alliance. Et nous avons noté ici que toutes les promesses de l'alliance sont données par serment par la nouvelle alliance de sang.

Cela signifie que les promesses de Dieu pour nous sont maintenant contenues dans une alliance qui a été d'une part faite dans le sang de Jésus et d'autre part effectuée par son sang. Nous le voyons dans Hébreux 9:20 et Romains 8:32. (Le contexte de ces deux passages nous aide à apprécier le fait que le sang règle aussi les conséquences de nos manquements et nous place dans une position victorieuse sur notre ennemi.) Nous considérons cela au chapitre 7.

Hébreux 9:27-28 montre clairement que le sang de Christ règle complètement tous les problèmes – tout notre péché, notre culpabilité, nos doutes, nos faiblesses et nos manquements. La première venue de Christ était en rapport direct avec le péché, comme nous l'avons vu dans Romains 8:3 et 2 Corinthiens 5:21, mais sa seconde venue n'aura pas de connexion avec le péché parce que la rédemption, par le sang, a été achevée. Comme Jésus l'a dit sur la croix, c'est vraiment « fini ». C'est là notre sécurité en Christ.

Romains 8:34-39, peut-être le sommet le plus élevé du Nouveau Testament, montre que le sang, la mort de Christ, garantit que nous soyons en position triomphante sur la mort et les démons, sur le présent et l'avenir, sur toutes les puissances célestes. Cela signifie que l'alliance du sang de Christ garantit notre relation d'alliance: rien ne pourra jamais nous séparer de l'amour de Dieu, que nous connaissons en Christ Jésus. C'est la relation insurpassable de la nouvelle alliance qui est nôtre par grâce.

L'alliance du sang de Christ est l'assurance définitive de la foi. C'est la garantie ultime que *Yahvé* est qui il est, qu'il est devenu sur la croix ce que nous avons besoin pour satisfaire sa cohérence avec lui-même et nous réconcilier avec lui pour toute l'éternité.

Une fois que nous savons que notre péché a été réglé par le sang, que notre conscience a été purifiée par le sang, et que notre culpabilité a été ôtée par le sang, nous sommes éternellement en sécurité – car son alliance ne peut jamais être brisée. La seule « condition » est que nous croyions, tout simplement – que nous mettions notre confiance dans ce sang.

Chapitre Cinq

Salut et expiation

Nous avons vu que le Nouveau et l'Ancien Testaments sont en harmonie sur un point: tous deux font le récit de l'initiative pleine de grâce de Dieu qui a sauvé pour lui un peuple selon ses alliances qui ne peuvent être rompues. Les trois grands thèmes scripturaires du « peuple de Dieu », du « salut de Dieu » et de la « victoire de Dieu » sont inscrits dans la trame biblique de la Genèse à l'Apocalypse.

Dans les deux Testaments, le salut:

- ◆ Est initié et accompli par la grâce de Dieu uniquement.
- ◆ Est reçu par la foi.
- ◆ Opère objectivement dans l'histoire et les vies humaines.
- ◆ A coûté à Dieu.
- ◆ Implique de sauver quelqu'un de la main des ennemis.
- ◆ Apporte la santé au corps et à l'esprit.
- ◆ Produit un triomphe spirituel.
- ◆ Révèle l'amour de Dieu.
- ◆ Justifie la foi humaine.

Mais les deux Testaments ne sont pas équivalents, car l'Ancien regarde toujours en avant, préparant le chemin du Nouveau. L'Ancien Testament s'attend à ce que Dieu reproduisent dans l'avenir ses grands actes de jugement et de grâce passés.

Le salut par la grâce

Par exemple, l'Ancien Testament espère en un David, un Moïse, un Elie et un Melchisédek plus glorieux, en un exode dont la délivrance sera plus grande, en une Pâque encore plus extraordinaire, en un meilleur temple, en une nouvelle création, en une alliance ultime, etc. Et ce qu'espérait l'Ancien Testament, le Nouveau le déclare accompli en Christ.

Le salut dans le Nouveau Testament
La plus grande partie de l'enseignement du Nouveau Testament s'accorde avec la compréhension de l'Ancien. Des différences apparaissent seulement lorsque les idées sont approfondies, internalisées, spiritualisées et personnifiées dans la mort sacrificielle de Jésus. En fait, nous pouvons dire que le Nouveau Testament élargit l'expérience du salut de l'Ancien Testament sans la contredire.

On peut noter une différence entre les deux Testaments. Le Nouveau enseigne que l'ennemi dont nous sommes sauvés est spirituel plutôt que physique. Nous ne sommes donc plus sauvés des nations païennes. Nous sommes sauvés de *l'âge ancien* (péché, loi, maladie, colère et mort), de la *condition ancienne* (conformité à un monde impie), *des peurs anciennes* (désespoir, dépression et crainte), *des habitudes anciennes* (accord avec le modèle du monde pécheur), et *de l'ennemi ancien* (Satan lui-même).

La différence la plus importante entre les deux Testaments, c'est que le Nouveau Testament rassemble tous les aspects du salut dans un événement unique qui change le monde – la mort substitutive de Jésus-Christ à la croix du Calvaire.

Même si la croix est à de nombreux titres la simple conséquence et la consommation de toutes les actions de Dieu dans sa grâce et son jugement depuis le jardin d'Eden, il est presque impossible d'exagérer la grandeur des changements accomplis par elle. Ces changements ont été opérés en Dieu et en nous, et spécialement dans notre relation avec lui. En fait, nous pouvons dire qu'un âge complètement nouveau est apparu lorsque Christ est ressuscité des morts.

Salut et expiation

2 Corinthiens 6:2 décrit ce nouvel âge comme « le jour du salut », et les bénédictions d'alliance magnifiques de ce grand salut sont si diverses qu'elles ne peuvent être résumées facilement.

Dans *La Gloire dans l'Eglise*, nous avons vu que le Nouveau Testament utilise toute une gamme d'images pour décrire le mystère de l'Eglise. Il s'agit d'images « parallèles » ou « complémentaires »: même s'il est difficile de voir comment l'Eglise peut à la fois être le corps de Christ et l'épouse de Christ, nous savons que ces images s'harmonisent dans la vérité selon laquelle Dieu appelle à lui et rassemble pour lui un peuple.

Il en est de même pour le salut à bien des égards. Le Nouveau Testament utilise là aussi plusieurs idées différentes au sujet du salut. Il développe plusieurs images du salut qui nous aident à comprendre la plénitude de la croix et l'ampleur de ses accomplissements. Il est donc important que nous essayions de comprendre ces illustrations du salut en les considérant les unes avec les autres.

L'idée de base qui est sous-jacente à toutes ces images ou illustrations est cette vérité unique: Dieu, dans sa grâce, a envoyé son Fils comme substitut pour porter notre péché et mourir de notre mort afin d'accomplir trois choses. Satisfaire sa cohérence avec lui-même, nous délivrer du péché et de la mort et nous réconcilier avec lui-même pour l'éternité.

La mission unique de Jesus

Dans *Connaître le Fils*, nous considérons la mission unique de Jésus et nous apprenons pourquoi le Père a envoyé Jésus dans le monde.

Nous voyons qu'il a été envoyé pour briser la puissance du diable et de la mort. Satan avait, en effet, pris autorité sur la terre. Le monde était sous son pouvoir. Ainsi, Jésus est venu volontairement dans le monde pour établir le royaume de Dieu, désarmer les puissances du diable et des ténèbres et triompher sur elles.

Le salut par la grâce

Jésus a aussi été envoyé pour atteindre les perdus; il a été envoyé pour sauver ceux qui souffraient et n'avaient pas la force de se sauver eux-mêmes. C'est donc ainsi qu'au coût d'un sacrifice personnel immense, Jésus est venu faire l'expiation, devenir le substitut de chaque membre de l'humanité, porter la colère de Dieu contre le péché, réconcilier les hommes et les femmes les uns aux autres et avec Dieu.

De plus, le Père a envoyé le Fils pour démontrer une vie de parfaite soumission et consécration, pour être le modèle et l'exemple pour les hommes de toutes les époques et de toutes les races. Ainsi, dans sa mort quotidienne à lui-même et aux désirs de la chair, Jésus est venu nous montrer comment nous devions vivre et mourir.

Et Jésus a aussi été envoyé pour montrer au monde à quoi Dieu ressemble, pour révéler et reproduire la glorieuse nature du Père. Il est donc venu comme la Parole vivante de Dieu, comme une révélation unique et complète du Dieu invisible, pour reproduire la nature divine dans l'humanité.

Chaque aspect du ministère de Jésus est parachevé au Calvaire. Bien que la croix fût un simple événement qui accomplissait l'unique objectif de notre salut, elle fut aussi un événement complexe, lorsque l'éternité intervint dans le temps, lorsque le besoin de l'humanité, la mission de Christ et tous les autres aspects parallèles et adjacents de la nature de Dieu ont été réunis.

Lorsque nous prêchons l'Evangile, nous essayons en général d'expliquer pourquoi Jésus est mort et ce qui s'est passé sur la croix. Il est toutefois facile de se concentrer sur un seul aspect ou un seul accomplissement de sa mort et de présenter ainsi une image incomplète du salut. Nous devons faire tous nos efforts pour comprendre et proclamer le tableau complet du salut dans toute sa gloire.

Un survol du Nouveau Testament montre que Jésus est mort pour différentes raisons parallèles qui accomplissaient les buts complémentaires de son incarnation et de sa mission messianique.

Salut et expiation

Notre compréhension du « salut » doit inclure tous ces aspects simultanément.

La victoire
Jésus est mort pour faire échapper l'humanité à l'emprise mortelle de Satan. Par sa mort, il a détruit le seul qui avait la puissance de la mort, et il a libéré ceux qui étaient tenus en captivité par leur crainte de la mort. Il est revenu sur la terre dans sa résurrection triomphante et il est monté au ciel avec les « clés de l'enfer et de la mort ». Nous voyons ces choses dans Hébreux 2:14-15 et Apocalypse 1:18.

Jésus est mort et il est ressuscité en tant que « Vainqueur » qui avait détruit la dernière arme de Satan et établi le royaume de Dieu, libéré les hommes et accompli tous les aspects vétérotestamentaires de la réparation par le sacrifice. Il s'agit du salut par rapport à Satan afin que nous puissions vivre dans la victoire et la liberté de Christ.

L'expiation
Jésus est aussi mort pour faire l'expiation pour le péché de l'humanité. Sur la croix, il a apaisé la colère de Dieu et nous a délivrés du péché. Il l'a fait en acceptant le blâme, en endurant l'agonie de la séparation du Père, en prenant les fautes de beaucoup sur lui-même et en obtenant une réconciliation éternelle.

Par sa mort, Jésus a gagné le pardon et accompli chaque aspect du sacrifice pour le péché de l'Ancien Testament – et toutes les prophéties qui pointaient sur la mort substitutive du Serviteur de Dieu. Cette mort substitutive était en effet la seule base acceptable sur laquelle Dieu pouvait se satisfaire lui-même, purifier et justifier un pécheur. Il s'agit du salut par rapport au péché et la colère de Dieu afin que nous puissions avoir la justice de Christ et nous tenir ainsi devant Dieu.

Le salut par la grâce

Révélation
Dans et par sa mort sacrificielle, Jésus a suprêmement révélé la gloire totale de la sainte nature de Dieu, sa bonté, sa miséricorde, sa grâce, sa vérité, sa patience, son pardon, sa justice, sa paix, sa maîtrise de soi, sa douceur, son humilité, sa fidélité, sa foi, son amour.

Sur la croix, Dieu a révélé sa justice parfaite en condamnant tous les péchés et en portant sa juste punition pour le mal. Il a démontré son amour sans mesure, inépuisable, insondable et qui se donne.

En même temps, Jésus a aussi révélé la conduite de l'homme parfait en consolant un criminel, en demandant à Dieu de pardonner à ceux qui le torturaient, en se remettant entre les mains de Dieu, en donnant pour toujours l'exemple de l'obéissance soumise. C'est ainsi qu'il a accompli tous les détails de l'holocauste ou sacrifice entièrement consumé par le feu de l'Ancien Testament. Il s'agit du salut par rapport à l'aliénation et l'isolement afin que nous puissions vivre en communion avec Dieu.

Une vie nouvelle
Et Jésus est aussi mort dans une agonie insupportable pour enfanter dans la douleur une nouvelle création. Après six heures infernales d'enfantement spirituel, il était comme la biche qui soupire après un courant d'eau dans le Psaume 42:1-2, ayant une soif spirituelle profonde. Alors qu'il mourait dans le « travail », il put crier « c'est fini » ; « c'est accompli, je l'ai fait », parce que, comme le Serviteur d'Esaïe, chapitre 53:10, il avait vu sa postérité.

Jésus est donc allé à la croix pour travailler et donner naissance à une nouvelle création qui devait reproduire la nature divine. Il est venu accomplir tous les aspects du sacrifice de communion de l'Ancien Testament. Il s'agit du salut par rapport à la mort éternelle afin que nous puissions vivre éternellement avec la nouvelle vie de Dieu.

Salut et expiation

Le plein salut
Il est tragique que l'Eglise dans son ensemble ait rarement embrassé et proclamé tous les aspects du salut car tous sont bibliques et tous sont grâce.

Par exemple, beaucoup de congrégations se concentrent sur le triomphe de Jésus sur la croix. Elles mettent l'accent sur son autorité sur Satan. D'autres s'intéressent plus à l'expiation de Jésus et soulignent le pardon des péchés. D'autres se limitent à la révélation de Jésus de son humanité idéale et quelques-uns soulignent la manifestation de la gloire de Dieu à la croix.

Nous avons certes besoin d'apprécier les différents accents mis par d'autres traditions chrétiennes et nous tenant à leurs côtés dans leur adoration et leur proclamation de tel ou tel aspect de la croix.

Mais il vaudrait mieux que chaque congrégation se saisisse de la plénitude du salut afin que tous puissent comprendre, s'approprier, expérimenter et proclamer la gloire totale de la croix qui change le monde.

Dans la suite de ce livre, nous nous concentrerons successivement sur différents aspects du salut. Le reste de ce chapitre considère l'aspect de l'expiation. Au chapitre six, nous pensons au salut en termes de révélation. Au chapitre sept, en termes de victoire et au chapitre huit, en termes de vie nouvelle.

L'expiation
La plupart des termes théologiques techniques sont dérivés de racines latines ou grecques.

Beaucoup utilisent le mot « expiation » (litt: *réparer par quelque peine une faute commise*) comme synonyme de « pardon ». Le mot parle d'un devoir rendu à Dieu, devoir de purification, d'apaisement, de satisfaction. Contrairement à l'équivalent anglais « atonement » signifiant « ramener dans l'unité », le mot expiation se rapproche plus de l'idée de sacrifice et il est utilisé seulement à trois endroits dans la Bible

Le salut par la grâce

en français (Hébreux 2:17, 1 Jean 2:2 et 4:10), toujours pour traduire la racine grecque utilisée à propos de la propitiation.

Comme nous l'avons vu, le mot hébreu *kaphar* signifie littéralement « couvrir » en hébreu, même s'il est souvent traduit par « expiation » dans l'Ancien Testament. Le Jour des Expiations donne toutefois au mot « expiation » une signification plus large puisqu'il inclut tout le processus du salut, une confession complète des péchés; un sacrifice substitutif qui inclut une mort pour le péché et le fait que le péché est éloigné (ce qui parle de la puissance ou la mémoire du péché); le ministère d'un médiateur entre Dieu et son peuple, la réconciliation entre Dieu et son peuple prouvée par l'entrée sécurisée du souverain sacrificateur (ou grand prêtre) dans le Saint des saints. Nous voyons la description de ce processus dans Lévitique 16:11-15.

L'expiation faite par Jésus
Hébreux 9:1 à 10:39 révèle que le rituel du Jour des Expiations préfigure clairement l'œuvre expiatoire de Christ. Par exemple:

- Jésus est notre souverain sacrificateur, et son sang sacrificiel remplit le rôle du sang des taureaux et des boucs. Contrairement au souverain sacrificateur de l'Ancien Testament, le Christ sans péché n'a pas besoin de faire de sacrifices pour ses propres péchés.

- De même que le souverain sacrificateur entrait dans le Saint des saints avec le sang des victimes offertes, Jésus est entré dans le ciel pour apparaître devant le Père en faveur de son peuple.

- Le souverain sacrificateur devait offrir des sacrifices pour le péché chaque année, et cette répétition annuelle rappelait au peuple que l'expiation parfaite n'avait pas encore été donnée. Jésus, par son propre sang, nous a réconciliés éternellement au Père.

Salut et expiation

- Les offrandes pour le péché pouvaient purifier le pécheur seulement sur le plan cérémoniel et extérieurement, elles ne pouvaient pas le purifier intérieurement. Par son sacrifice meilleur, Jésus a purifié notre conscience des œuvres mortes.

- Le tabernacle était destiné à enseigner à Israël que le péché bloquait l'accès à la présence de Dieu. Seul le souverain sacrificateur, et seulement une fois par année, ayant en mains le sang du sacrifice, pouvait entrer dans le Saint des saints. Jésus, par « la route vivante et nouvelle » est entré dans le ciel. Nous n'avons plus besoin de nous tenir loin de Dieu; au lieu de cela, par Christ, nous pouvons nous approcher de Dieu face à face.

- Le Jour des Expiations, la chair du péché était brûlée hors du camp d'Israël. Jésus a aussi souffert hors des portes de Jérusalem pour régler le problème du péché de son peuple et pour le réconcilier avec Dieu.

Les mots imagés

Le Nouveau Testament utilise quelques termes particuliers pour décrire quatre aspects du processus de l'expiation. Beaucoup de chrétiens pensent qu'il s'agit de mots techniques qui se réfèrent à différentes doctrines. Il s'agit en réalité de métaphores inspirées, que l'auteur utilise pour illustrer des aspects du processus complet. Ces mots sont empruntés au quotidien du Nouveau Testament.

Nous devons saisir la portée de ces expressions. Car nous pouvons tomber dans la confusion ou l'erreur si nous poussons une métaphore trop loin ou si nous supposons qu'il s'agit d'une analogie directe.

Le salut par la grâce

1. La propitiation
Romains 3:25, 1 Jean 2:1-2 et 4:10 utilisent le mot grec *hislasterion/hilasmos* comme une métaphore de l'œuvre de Christ, et ce mot est habituellement traduit par « propitiation ». Ce mot imagé a été emprunté à la vie religieuse grecque et il décrit le processus par lequel les dieux païens étaient apaisés et par lequel leur faveur était gagnée.

Il est clair que la propitiation n'est pas une analogie puisqu'aucun des deux Testaments ne présente Dieu comme une divinité en colère dont les sentiments auraient besoin d'être achetés où que l'on pourrait corrompre pour le faire changer d'attitude. Au lieu de cela, la propitiation est une métaphore qui pointe sur la juste colère de Dieu contre le péché et sur la provision de Dieu d'un substitut qui a volontairement « complété » ou « assouvi » ou « satisfait » la colère de Dieu.

Dans la vie des Grecs, le peuple devait apaiser ses dieux en colère par des dons car les dieux eux-mêmes ne faisaient rien. Au contraire le Dieu vivant, dans sa grâce, a voulu, a initié, a pourvu et a tout accompli pour nous, afin qu'il puisse agir de manière qui soit cohérente avec lui-même et qui soit à la fois aimante et juste.

Lévitique 17:11, Romains 3:25 et 1 Jean 4:10 soulignent la grâce de Dieu dans l'aspect propitiatoire du processus d'expiation. Ainsi nous pouvons dire que Dieu dans sa sainte colère avait besoin de propitiation. Dieu dans son amour saint a initié la propitiation nécessaire. Dieu en Christ est mort comme propitiation pour nos péchés.

Il est important de noter qu'il y a un débat pour savoir si *hilasterion/hislasmos* devraient être traduits par « propitiation » ou « expiation ». C'est pourquoi, la question est de savoir si l'on considère la mort de Jésus comme « propitiation » ou « expiation ». L'expiation se réfère à ce que le sang de Jésus fait pour nous : il nous lave de nos péchés, il expie nos fautes. La propitiation se réfère à ce que le sang de Jésus fait pour Dieu : il satisfait sa justice et écarte sa sainte colère. Il est clair que les

Salut et expiation

deux concepts sont nécessaires. La mort de Christ produit à la fois, l'expiation, c'est-à-dire le paiement pour nos péchés, et la propitiation, c'est-à-dire que la colère de Dieu contre nous a été détournée.

2. La rédemption

Le mot imagé *apolutrosis* a été emprunté au monde des affaires grec. Dans ce contexte, il décrit l'achat d'objets ou d'une propriété à un prix fixe.

Il était aussi utilisé pour désigner l'achat ou la libération d'esclaves et la rançon qu'il fallait donner pour libérer des prisonniers de guerre.

L'idée de rédemption est très souvent utilisée dans l'Ancien Testament pour décrire l'achat de propriété, d'animaux, de personnes et de la nation Juive. Nous le voyons par exemple dans Exode 13:13; 30:12-16; 34:20, Lévitique 25:25-28; 27, Nombres 3:40-51; 18:14-17, Ruth 3-4, 2 Samuel 7:23, Esaïe 43:1-4 et Jérémie 32:6-8.

Dans l'Ancien Testament, le paiement d'un prix est toujours l'essence de la rédemption par les hommes. Toutefois lorsqu'il s'agit de Dieu en tant que rédempteur, le prix se réfère toujours à l'effort coûteux qu'il fournit: nous le voyons dans Exode 6:6, Deutéronome 9:26, Néhémie 1:10 et Psaume 77:15.

Dans le Nouveau Testament, la « rédemption » est une métaphore qui fait allusion à la *détresse* de laquelle nous sommes rachetés, au prix auquel nous sommes rachetés et aux *droits de propriétaire* de celui qui opère le rachat.

Les passages tels que Galates 3:13; 4:5, Ephésiens 1:7, Colossiens 1:13-14, Tite 2:14, Hébreux 9:15 et 1 Pierre 1:18 décrivent la détresse à laquelle l'humanité a été arrachée par la rédemption. Christ s'est donné lui-même pour nous racheter de toutes les conséquences de la chute. Nous avons pu expérimenter sa rédemption depuis le Calvaire, mais nous attendons toujours le « jour de la rédemption » final, lorsque nous serons parachevés et que toute la création sera libérée de son esclavage de la corruption. Jusque là, le Saint-Esprit est

Le salut par la grâce

la garantie et les prémisses de notre rédemption finale. Nous voyons cela dans Luc 21:28, Ephésiens 1:14; 4:30 et Romains 8:18-23.

Le Nouveau Testament montre que Christ lui-même, et plus particulièrement son sang, fut le prix payé (mais la Bible ne prolonge jamais la métaphore jusqu'au bout au point de poser la question de savoir à qui le prix a été payé). Nous voyons ce qui concerne le prix payé dans Marc 10:45, Romains 3:24-25, Galates 3:13; 4:4-5, Ephésiens 1:7, 1 Timothée 2:5-6, Tite 2:14 et 1 Pierre 1:18-19.

Les Ecritures utilisent aussi l'image de la rédemption pour souligner que le rédempteur a des *droits de propriété* sur ce qu'il achète. La Seigneurie de Christ sur l'Eglise et sur le chrétien individuellement est attribué au fait qu'il nous a rachetés par son propre sang. Nous le voyons par exemple dans Actes 20:28, 1 Corinthiens 6:18-20; 7:23, 2 Pierre 2:1, Apocalypse 1:5-6; 5:9 et 14:3-4.

3. Justification

La troisième illustration provenait de la cour de justice grecque, où *dikaiosune*, la justification, était l'exact opposé de la condamnation. Les juges grecs et romains prononçaient l'accusé soit « coupable » soit « non coupable », et Paul utilise cette expression comme une métaphore dans Romains 5:18 et 8:34.

Le terme « justification » illustre l'action de Dieu qui déclare les pécheurs libérés de toute faute sur la base de la substitution de son Fils qui a épuisé le jugement des pécheurs et leur a « imputé » sa justice afin qu'ils puissent se tenir devant Dieu avec la justice de Christ.

La « justification » est simplement une illustration datant du premier siècle de la déclaration officielle de Dieu de notre justice sur la base de son pardon objectif et légal. C'est un mot imagé qui décrit un changement de statut légal. Mais ce terme ne fait aucune référence à un changement de nature et ne donne aucune information à ce sujet. Dieu, c'est

Salut et expiation

évident, change la nature humaine par la régénération et la sanctification, mais l'image de la justification ne s'intéresse pas à ces aspects du salut.

Paul développe la métaphore et montre que nous sommes justifiés:

- ◆ Par la grâce de Dieu seule – c'est entièrement son initiative et son accomplissement – Romains 3:10, 20, 24 et 8:33.

- ◆ Par le sang de Christ seul – c'est un acte précis de justice – Romains 5:9.

Lorsque Dieu justifie les pécheurs, il ne déclare pas que des personnes mauvaises sont bonnes. Il ne dit pas qu'ils ne sont pas pécheurs. Au lieu de cela, il prononce sa justice légale, déclarant qu'ils sont officiellement non coupables, parce que Dieu en Christ a porté la pénalité de leur transgression de la loi.

- ◆ Par la foi seule – nous devons recevoir ce que la grâce nous offre et dépendre entièrement de ce que Dieu a fait pour nous en Christ – Romains 3:28; 5:1, Galates 2:16 et Philippiens 3:9.

L'ancienne formule de la Réformation résume de manière utile l'enseignement biblique sur la justification en disant qu'elle est « par la grâce seule, par Christ seul, par la foi seule ».

- ◆ Ensemble en Christ – elle est aussi collective, sans aucune barrière ethnique, nationale ou de genre – Galates 2:17; 3 26-29, Romains 8:1, 2 Corinthiens 5:21 et Ephésiens 1:6.

4. La réconciliation

La quatrième métaphore, celle de la réconciliation, *katallasso*, est empruntée à la vie quotidienne des Grecs. Ce mot était utilisé pour décrire le règlement d'un différent entre deux parties. Il se référait à deux amis de longue date ou parents qui se retrouvent après une querelle.

Cette image décrit le grand but de l'expiation et pointe sur

Le salut par la grâce

le profond désir de Dieu derrière tout le plan du salut. Nous sommes pardonnés, Dieu est apaisé, nous sommes rachetés et justifiés, nous sommes délivrés de Satan, Dieu se révèle lui-même et reproduit sa nature. Tout cela, Dieu l'a fait afin qu'il puisse nous réconcilier avec lui et que nous puissions vivre avec lui dans une éternelle relation de communion parfaite, celle qu'il avait eu l'intention d'établir dès le jardin d'Eden.

Il est important de reconnaître, toutefois, que cette image est toujours utilisée dans un seul sens. Nous sommes réconciliés avec Dieu, ce n'est jamais Dieu qui est réconcilié avec nous. Dieu a besoin d'être rendu propice, et non réconcilié. Et nous avons besoin d'être réconciliés et non pas rendus propices !

Cette relation est tellement importante et fondamentale qu'une seule métaphore ne suffit pas à la décrire. La Bible utilise aussi les métaphores de « l'adoption » dans la famille de Dieu, la « paix » avec Dieu et « l'accès » à Dieu, dans sa lutte pour décrire l'indicible relation faite par la croix. Nous voyons notamment ces illustrations bibliques de la réconciliation dans Jean 1:12-13, 1 Jean 3:1-10, Romains 5:1-2; 8:14-17, Galates 3:26-29; 4:1-7, Ephésiens 2:17-18; 3:12, Hébreux 10:19-22 et 1 Pierre 3:18.

La réconciliation est un mot image qui décrit la relation avec Dieu qui est à la fois le but et le fruit du salut. Mais ce n'est que lorsque nous avons été pardonnés, rachetés et justifiés que nous avons l'accès paisible en tant que ses enfants adoptés, c'est-à-dire la réconciliation.

Ceci dit, la réconciliation biblique ne concerne pas seulement une relation restaurée avec Dieu. Elle indique aussi une nouvelle relation avec d'autres personnes en et par Christ. Ephésiens 2:11-22 parle, en particulier, de cet aspect de la réconciliation. Il s'agit aussi de la réconciliation cosmique à laquelle se réfère Colossiens 1:15-20. Nous décrivons cette dynamique du « monde » dans le salut dans *Connaître le Père* et *Atteindre les Perdus*.

2 Corinthiens 5:18-21 révèle beaucoup de choses sur la réconciliation. Ce passages souligne en effet que :

Salut et expiation

- Dieu est le grand auteur ou initiateur plein de grâce de la réconciliation – il l'a voulue, il l'a commencée.
- Christ est l'agent de la réconciliation – Dieu l'a faite entièrement dans et par son Fils.
- Nous sommes les ambassadeurs de la réconciliation – nous devons nous l'approprier, la vivre, la prêcher et la mettre en pratique.

L'expiation

Ces quatre mots imagés de l'époque du premier siècle sont simplement des illustrations du langage de tous les jours qui recouvrent des aspects de l'expiation et se recoupent. Ils ne peuvent entrer dans le moule d'une théorie de l'expiation. Ils ne font que nous donner des aperçus du mystère et non une doctrine complète.

Toutefois, chaque métaphore souligne trois principes de base de l'expiation, du processus divin d'unification:

- L'humanité a un très grand besoin – la propitiation pointe sur la colère de Dieu contre notre péché, la rédemption désigne notre esclavage du péché, la justification parle de notre culpabilité devant Dieu et la réconciliation de notre aliénation loin de Dieu.

- Dieu est totalement grâce – c'est lui qui, dans son amour a pris l'initiative et fait la propitiation pour sa propre colère, qui a payé le prix de notre rachat de notre esclavage, enduré sa propre punition pour nous déclarer juste et nous réconcilier avec lui-même.

- L'expiation a été accomplie seulement par le sacrifice substitutif du sang de Christ – nous le voyons dans Romains 3:25; 5:9, Ephésiens 1:7; 2:23 et Colossiens 1:20.

La mort de Jésus sur la croix en tant que substitut était le seul sacrifice d'expiation offert une fois pour toutes grâce auquel

Dieu a détourné sa colère de nous. La mort de Jésus était le prix de la rançon par lequel nous avons été rachetés. Elle était la condamnation de l'innocent par laquelle le coupable pouvait être justifié. Elle était toutes ces choses *afin que* nous puissions être un avec Dieu, un les uns avec les autres et un avec la création pour l'éternité.

Voici donc la pure grandeur d'un simple aspect de notre salut – il nous reste encore trois aspects complémentaires à considérer.

Chapitre Six

Salut et révélation

Dans cette série *Epée de l'Esprit*, nous montrons le but premier de Dieu dans ses paroles et ses œuvres. Il se révèle lui-même. Parce qu'il est, par définition, totalement cohérent avec lui-même, toutes ses actions, ses paroles, ses pensées et ses attitudes doivent se conformer les unes aux autres et à la totalité de son caractère saint.

En d'autres termes, l'acte suprême de Dieu de salut *pour* le monde sur la croix doit aussi être l'acte suprême dans lequel Dieu se révèle lui-même *au* monde par la mort de son Fils bien-aimé.

La gloire de Dieu

Dans *La Gloire dans l'Eglise*, nous voyons que *kabod* est le mot hébreu pour la gloire. L'Ancien Testament utilise parfois *kabod* pour décrire la prospérité matérielle, la splendeur physique ou la bonne réputation de quelqu'un en particulier, mais le mot est en général réservé à Dieu lui-même.

L'Ancien Testament utilise l'expression « la gloire de Dieu » de deux manières différentes: tout d'abord comme un équivalent du « Nom de Dieu » qui se réfère au caractère de Dieu révélé par lui-même et deuxièmement en tant que révélation visible de la présence localisée de Dieu. Pour dire les choses simplement, la *kabod* de Dieu montre aux hommes où il est et à quoi il ressemble: il s'agit d'une manifestation localisée et visible de sa sainteté absolue.

Dans l'Ancien Testament, la gloire de Dieu était révélée:
- ◆ Dans le monde créé – Psaume 19:1; 29:9 et Esaïe 6:3 montrent que les cieux et la terre ont été remplis de la gloire de Dieu.

Le salut par la grâce

- Au peuple racheté de Dieu – Nombres 14:22, Psaume 97:2-6, Esaïe 35:2; 40:5 et Exode 33:18 à 34:7 décrivent comment Dieu montrait sa gloire en délivrant Israël de l'Egypte et de Babylone.

- A l'heure du sacrifice – Exode 24, Lévitique 9:6-24 et 1 Rois 8:1-11 décrivent comment Dieu a montré sa gloire en réponse aux sacrifices de reconnaissance de son peuple.

Le mot grec pour gloire est *doxa*. Il est normalement utilisé dans le Nouveau Testament pour décrire la révélation que donne Jésus, par sa grâce et par des actes puissants, de la nature et la présence de Dieu. La gloire de Dieu vue en Jésus démontre que Dieu est présent en personne. Elle révèle aussi toute la portée de son autorité royale et de sa nature humble qui se sacrifie elle-même.

Hébreux 1:3 montre que Jésus a toujours été le resplendissement de la gloire de Dieu ; mais sa mort sur la croix fut le moment suprême (de ce côté de sa première venue) de la révélation de la gloire de Dieu. Nous le voyons par exemple dans Jean 7:39; 12:23-28; 13:31; 17:5 et Hébreux 2:9.

Luc 9:32, Jean 2:1-11 et 11:1-44 montrent que la gloire de Dieu (sa présence localisée et sa nature) fut manifestée aux noces de Cana, au cimetière de Béthanie et à la transfiguration. Mais sa gloire (sa présence localisée et sa nature) apparut le plus clairement au Calvaire. C'est là que l'on peut voir la révélation complète que Dieu a donnée de sa propre nature, la démonstration la plus grande de sa grâce et de son amour, la manifestation suprême de sa sainteté absolue et sa présence, sa puissance et sa nature qui se sacrifie.

La croix fut ainsi la révélation la plus visible, jusque-là, de la présence localisée de Dieu dans le monde et de la sainte nature de Dieu au monde : c'était la quintessence de sa gloire.

L'idée de la « gloire de Dieu vue en Jésus-Christ » (sa présence localisée et sa nature personnelle révélée par Jésus) est particulièrement forte dans l'évangile de Jean.

Salut et révélation

Nous y découvrons que la présence et la nature de Dieu sont manifestées dans les miracles de Jésus. Ces derniers sont appelés « signes ». Mais cette idée souligne aussi que la gloire de Dieu est visible dans la faiblesse volontaire de Jésus, dans le sacrifice volontaire de son incarnation – nous le voyons par exemple dans Jean 1:14.

Le tabernacle de la gloire

Jean 1:14 contient une allusion importante à l'Ancien Testament. Le mot grec *eskenosen* est traduit dans certaines versions par « habiter » mais signifie littéralement « planter une tente ». Il s'agit d'une référence directe au tabernacle de l'Ancien Testament.

Jean 1:14 montre que même si la Parole est devenue chair humaine, elle n'a pas cessé d'être le Dieu saint. Au lieu de cela, Dieu a « habité sous tente » ou « tabernaclé » dans une chair humaine afin de pouvoir vivre pour un temps au milieu de son peuple. Notons que cela ne veut pas dire que Jésus n'est pas devenu complètement homme de manière permanente.

L'utilisation *d'eskenosen* dans Jean 1:14 suggère que l'incarnation est l'accomplissement de la préfiguration d'Exode 25:8-9 – lorsqu'Israël reçut l'ordre de monter une tente ou un sanctuaire (le tabernacle) afin que Dieu puisse habiter au milieu de son peuple. Le tabernacle, remplacé plus tard par le temple, était le lieu de la présence localisée de Dieu sur la terre. Ezéchiel 43:7, Joël 3:17 et Zacharie 2:10 s'attendent au jour où Dieu « plantera » de nouveau sa « tente » en Sion. Jean 1:14 proclame implicitement que le Jésus incarné est l'accomplissement de la promesse prophétique.

La gloire de Dieu était associée avec le tabernacle et le temple – nous voyons cela dans Exode 24:9 à 25:9 ; 40:34, 1 Rois 8:10-11, Ezéchiel 11:23 et 44:4. Jean épouse donc une progression naturelle en présentant Jésus comme le nouveau tabernacle qui est constamment (plutôt qu'occasionnellement) rempli de la gloire de Dieu, la présence personnelle et la nature de Dieu.

Le salut par la grâce

(Il est intéressant de noter que Marc 9:2-8 rapporte que les disciples pensaient qu'ils devaient construire une tente ou un tabernacle parce qu'ils avaient vu la gloire de Dieu.)

Nous savons que la gloire révèle la *présence* de Dieu et sa *nature*. Ainsi, de même qu'Exode 34:5-8 rapportent que Dieu avait montré sa présence visible et s'était révélé comme miséricordieux, caractérisé par la grâce et abondant dans la vérité, Jean 1:14 explique que la gloire de Dieu vue en Jésus est pleine de grâce et de vérité.

La gloire du tabernacle était étroitement liée au sacrifice. Dans l'Ancien Testament, la gloire de Dieu était souvent révélée au moment du sacrifice. Nous le voyons par exemple dans Exode 24 et 40:9-35, Lévitique 9:6-24 et 1 Rois 8:1-11. Dans le Nouveau Testament, sa gloire est associée à l'incarnation du Fils. Celle-ci était caractérisée par le sacrifice de soi, le « tabernacle » de son corps et culminait dans sa mort en tant que sacrifice et substitut une fois pour toutes.

Les quatre Evangiles anticipent une révélation de gloire par la croix, mais ils pointent sur cette révélation de différentes manières. Dans Luc 24:26, par exemple, la souffrance de la croix est le chemin qui mène à la gloire future, alors que Jean 12:20-28; 13:30-32 et 17:1 montrent que la croix est le moment et le lieu de la glorification.

Il est important de reconnaître que Jean 12:20-28; 13:30-32 et 17:1 décrivent la glorification de la croix dans le Père avec le Fils. La présence et la nature de Dieu le Père et de Dieu le Fils sont toutes deux révélées par la croix. La parfaite divinité et la parfaite humanité de Jésus sont toutes deux démontrées sur le théâtre du Calvaire.

Sur un simple gibet de bois, la sainte bonté de Dieu et le meilleur exemple possible de bonté humaine furent donnés en exemple devant le monde entier et nous devons les contempler ensemble. Elles révèlent la sainte nature de Dieu et nous rappellent ce que nous devrions être nous-mêmes.

Justice et amour divins

Romains 3:25-26 et 5:8 déclarent que la mort de Christ fut une démonstration publique de la justice de Dieu et de son amour. Nous avons déjà noté que le caractère de Dieu cohérent avec lui-même était l'un des facteurs déterminants de la croix. Maintenant nous voyons que Dieu n'a pas seulement « satisfait » sa justice et son amour sur la croix, il les a aussi révélés au monde.

La justice de Dieu

Jusqu'à la croix, la justice de Dieu n'avait pas été vue sur la terre de manière évidente et terrifiante. Beaucoup de pécheurs avaient prospéré, beaucoup de mauvaises actions étaient restées impunies et Dieu avait souvent semblé impuissant, injuste ou moralement indifférent.

Dans des passages tels que Genèse 18:25, et dans les livres de Job, Proverbes et Ecclésiaste, la Bible rapporte la manière dont les personnages et auteurs des Ecritures ont lutté avec ce dilemme. Ils voulaient savoir pourquoi les méchants s'épanouissaient et les innocents souffraient, pourquoi les pécheurs restaient impunis alors que les justes étaient frappés par des calamités, pourquoi Dieu ne protégeait pas systématiquement son peuple, ne répondait pas toujours à leurs prières et ne récompensait pas nécessairement leur justice.

L'Ancien Testament répond à cette question en s'attendant au jugement final. Il proclame que même si les pécheurs prospèrent pour un temps, ils feront face un jour au juste jugement de Dieu. Ces raisons nous sont données dans le Psaume 73 notamment.

Le Nouveau Testament répète cette promesse d'un jugement à venir et final. Nous le voyons par exemple dans Actes 17:30-31, Romains 2:3 et 2 Pierre 3:3-9; mais il regarde aussi en arrière en contemplant le jugement de la croix. La croix pointe sur le fait du jugement à venir en le soulignant. Ceux qui rejettent la croix n'ont plus rien devant eux que le

Le salut par la grâce

jugement futur de Dieu. Romains 3:21-26, Hébreux 9:15 et 10:4 déclarent que le jugement décisif de Dieu a déjà pris place. Ces passages soulignent que l'inaction de Dieu dans l'Ancien Testament correspondait simplement à un report plein de grâce de son jugement plutôt qu'à une injuste annulation.

A la croix, par son sacrifice, Dieu a révélé de manière finale et entière sa justice parfaite. C'est là qu'il a condamné tous les péchés en Christ. Sur la croix, il a donné une preuve visible de sa justice intrinsèque en portant lui-même, en Christ, son juste châtiment pour tout le mal du monde.

Depuis son sacrifice à la croix, Dieu ne peut plus être accusé de tolérer le mal ou d'être injuste. En effet, sa justice a été clairement et une fois pour toutes révélée de manière convaincante à toute la création, puisqu'il a jugé et puni le péché.

L'amour de Dieu
Il en est de même pour l'amour de Dieu. Jusqu'à la croix, cet amour n'avait pas non plus été très apparent. Les maladies, les désastres, la corruption et la mort étaient autant de preuves contre un Dieu d'amour. Les tragédies, les tortures, les tyrannies et les tribulations semblaient toutes irréconciliables avec un Dieu d'amour. Mais, à la croix, Dieu a finalement révélé à l'humanité l'étendue de son amour infini, inépuisable, insondable et qui se donne lui-même.

Le Nouveau Testament définit toujours l'amour en termes du sacrifice de Dieu sur la croix – nous le voyons particulièrement clairement dans Romains 5:8, 1 Jean 3:16 et 4:7-21.

Toute l'humanité expérimente quelque chose de l'amour de Dieu dans cette vie, mais la Bible déclare qu'un seul acte d'amour pur et sans égocentrisme, sans aucun motif autre que l'amour, a jamais été accompli. Il s'agit du don de Dieu de lui-même sur la croix, en Christ, pour des pécheurs indignes. C'est l'acte d'amour suprême.

Romains 5:8 suggère que la révélation de l'amour de Dieu sur la croix revêtait trois aspects distincts:

Salut et révélation

- Il a donné *son* Fils – Jean 3:16 et Romains 8:32.
- Il a donné son Fils *pour mourir* – Philippiens 2:7-8.
- Il a donné son Fils pour mourir *pour nous* – pour ses ennemis qui étaient pécheurs, impies, sans force – Romains 3:18 et 23; 5:6 et 10 et 8:7.

A la croix, dressée par les soldats entre deux brigands, le Fils est mort – et le Père l'a laissé seul. Pourquoi ? Par amour pour les brigands, les tortionnaires, et pour tous ceux qui avaient plaidé pour la mort de Jésus.

A la croix, Dieu a tout donné à cause de son amour pour ceux qui ne méritaient rien. Le Père a donné son Fils pour ceux qui avaient préféré adorer d'autres dieux, et le Fils se donna lui-même pour ceux qui l'avaient constamment ignoré. Ils ont tous deux abandonné leur relation l'un avec l'autre à cause de leur amour inimaginable pour le monde entier et pour chaque membre de l'humanité.

Depuis l'agonie terrifiante et la séparation divine du sacrifice au Calvaire, personne ne peut regarder à une croix et questionner l'amour de Dieu, parce que rien ne pourrait démontrer plus clairement l'amour de Dieu lui-même que son sacrifice total et sans égocentrisme de lui-même.

La mort sacrificielle de Jésus a pris place à cause de la justice de Dieu et de l'amour de Dieu: il n'y avait pas d'autre motivation. Comme nous l'avons vu, la mort de Jésus a eu beaucoup de conséquences. Mais parmi elles, se trouvait la révélation de l'amour parfait et la justice parfaite de Dieu ainsi que l'exemple humain parfait afin que tous puissent l'imiter.

Ainsi donc, ceux qui marchent dans les traces de Jésus devraient s'assurer que tous leurs sacrifices soient de la même manière motivés par la justice absolue de Dieu et son amour illimité et sans égocentrisme. En d'autres termes il s'agit de sacrifices où l'on ne retient rien, où il n'y a pas la moindre petite tentative de manipulation, pas l'ombre d'un détachement ou de suffisance.

Le salut par la grâce

Lorsqu'il en est ainsi, nous pouvons être sûrs de deux choses: premièrement, que nos sacrifices vont révéler quelque chose de la gloire de Dieu, de son caractère et de sa présence localisée pour ceux qui sont autour de nous, et cela d'une manière unique. Deuxièmement, nous pouvons être sûrs que le Dieu du sacrifice de soi participera profondément à notre agonie volontaire, notre isolement et notre privation.

Sagesse et puissance divines

Dans les onze premiers chapitres des Romains, Paul donne son exposition classique de l'Evangile. Il y décrit comment Dieu présente Christ comme sacrifice substitutif, nous justifie par la foi en Christ, commence à nous transformer par l'œuvre de l'Esprit, et nous modèle en une nouvelle communauté dans laquelle tous les peuples sont admis dans les mêmes conditions que les Juifs.

Avant que Paul continue par son application de l'Evangile dans Romains 12 à 16, il fait une pause dans sa réflexion. Dans Romains 11:33-36, il loue la sagesse ingénieuse qui a présidé à l'élaboration du salut. Ce salut répond en effet aux besoins de l'humanité d'un côté et de la cohérence de Dieu avec lui-même de l'autre côté. Nous avons vu que les premiers chapitres des Romains soulignent la révélation donnée sur la croix de la parfaite justice et de l'amour parfait de Dieu. Romains 11:33-36 nous montrent que la croix révèle aussi la sagesse parfaite de Dieu.

L'opposé de la sagesse humaine

Paul répète cette idée dans 1 Corinthiens 1:17 à 2:5. Il montre que la croix révèle la sagesse et la puissance de Dieu et qu'il s'agit de l'opposé de la sagesse et de la puissance du monde.

Dans 1 Corinthiens 1:22, Paul explique que les Juifs et les Grecs posaient des conditions différentes pour accepter l'Evangile: les Juifs demandaient des signes puissants et les Grecs recherchaient une grande sagesse. Les deux groupes de gens voulaient que le message de l'Evangile apporte ses

Salut et révélation

propres preuves d'authenticité par sa puissance et sagesse inhérentes.

1 Corinthiens 1:23 montre toutefois que le message de Paul ne les a pas impressionnés et n'a pas répondu à leur attente. La croix a offensé les deux groupes également. Pour eux, elle était « folie » et « pierre d'achoppement ». Mais, pour Paul, la croix était tout l'opposé. Dans 1 Corinthiens 1:24, il révèle que le Christ crucifié dans la faiblesse est en fait la puissance de Dieu, et que le Christ apparemment fou est la sagesse de Dieu en personne. Ensuite, au verset suivant, 1:25, Paul démontre que la folie de Dieu est plus grande que la sagesse humaine et que sa faiblesse est plus forte que la force humaine.

Cela signifie que bien que la croix apparaisse à la plupart des hommes comme le sommet de l'impotence et de la folie, elle est en réalité la manifestation suprême de la sagesse et de la puissance personnelles de Dieu.

Paul explique cela dans 1 Corinthiens 1:26-31 en remettant la croix dans le contexte de l'expérience des Corinthiens. La plupart des lecteurs de Paul ne faisaient pas partie des gens sages ou influents. En fait, Dieu avait délibérément choisi le fou et le faible pour faire honte au sage et au fort, et pour exclure toute possibilité de gloire humaine. Il aurait été totalement inapproprié de se vanter de quoi que ce fut puisque c'était entièrement Dieu lui-même qui les avait unis à Christ et c'était Christ qui était devenu leur sagesse et leur puissance.

Dans 1 Corinthiens 1:30-31, Paul souligne la nature à plusieurs facettes du salut en résumant le message de la croix comme étant un don de grâce de quatre bénédictions en Christ : la sagesse, la justice, la sanctification et la rédemption personnelles de Dieu.

La sagesse personnelle de Dieu
En suggérant que Jésus est la sagesse de Dieu, Paul fait écho à l'Ancien Testament. Le livre de Job, des Psaumes, des Proverbes, de l'Ecclésiaste et du Cantique des Cantiques sont la « littérature sapientiale », et les Proverbes 1 à 9 contiennent

Le salut par la grâce

la description biblique la plus claire et la plus détaillée de la sagesse de Dieu.

Ces chapitres importants personnifient la « Sagesse », en la faisant contraster avec la folie (le refus de connaître ou reconnaître Dieu). Ils contiennent une remarquable série de déclarations et promesses qui sont toutes accomplies et répétées par Jésus (la « Parole ») dans l'Evangile de Jean – par exemple Proverbes 7:2; 8:6-8, 17, 18-21, 32-35 et 9:5-6.

Ensuite, dans 1 Corinthiens 2:1-5, Paul illustre la sagesse de Dieu et sa puissance à partir de son expérience personnelle. Il raconte qu'il n'était pas venu à Corinthe par sa propre force ou avec un message de la sagesse humaine. Au lieu de cela, il a apporté le message apparemment fou de la croix, et il l'a fait dans la faiblesse, la crainte et les tremblements, en s'appuyant sur le Saint-Esprit pour confirmer ses paroles et convaincre les gens de la vérité de ce message.

Le but de Paul en allant vers les Corinthiens dans la folie et la faiblesse était de s'assurer que la foi de ces gens repose fermement sur la puissance personnelle de Dieu et sa sagesse plutôt que sur des idées et capacités humaines. Cela montre la nécessité absolue de la nouvelle naissance et à quel point dépendre d'une persuasion intellectuelle, morale ou émotionnelle serait fallacieux. Il s'agit d'un principe clé de l'évangélisation que nous devons continuellement garder à l'esprit et mettre en pratique.

Le message de la croix ne sera jamais humainement populaire parce que Dieu a choisi de révéler sa sagesse et sa puissance par la folie et la faiblesse humaines. Mais 1 Corinthiens 1:24 montre que le Christ crucifié est la sagesse de Dieu et le verset 1:30 déclare qu'il l'est aussi pour nous.

La croix révèle la grande sagesse de Dieu dans sa manière de sauver les pécheurs et de satisfaire son amour et sa justice ; et Romains 1:16 déclare que la croix est aussi la révélation de la puissance de Dieu pour le salut de quiconque croit.

Cela signifie que nous pouvons voir la justice, l'amour, la sagesse et la puissance de Dieu lorsque nous regardons avec attention à la croix. Nous pouvons être tellement saisis par la justice de Dieu dans sa manière de régler le problème de notre péché que nous pouvons négliger l'amour qui a porté le jugement à notre place. Et nous pouvons être tellement enthousiasmés par la puissance qui nous a sauvés que nous pouvons sous-estimer la sagesse qui a présidé à notre salut.

Mais toutes ces caractéristiques divines sont Dieu en personne, et non une collection d'attributs dépersonnalisés. Plutôt qu'essayer de comparer les différents aspects de la nature de Dieu, nous devrions nous réjouir de ce que, par la croix salvatrice, il a révélé toute l'étendue de sa sainte nature de manière si claire et complète.

La bonté humaine parfaite

La croix était non seulement la suprême révélation de la gloire de Dieu, mais aussi le parfait exemple de la bonté humaine. Le Père a envoyé le Fils en tant qu'être « pleinement Dieu et pleinement homme », non seulement pour révéler son être divin, mais aussi pour montrer à l'humanité la manière idéale de vivre et de mourir.

Avant la création du temps, de l'espace et de la matière, Jésus était avec Dieu et il était Dieu. Il était omnipotent, voyait tout, savait tout, aimant tout et présent partout. Il habitait dans une gloire perpétuelle et était tout glorieux et cette gloire visible fut le premier sacrifice auquel Jésus consentit.

Philippiens 2:5-8 montre que le Père n'a pas forcé le Fils à abandonner sa gloire visible; ce dernier l'a accepté volontairement. L'état de Jésus était divin, mais il ne s'y est pas « attaché » (ou il n'a pas « arraché » – le grec est ambigu) son égalité avec Dieu. Au lieu de cela il s'est vidé lui-même en se dépouillant de tous les attributs qui exprimaient visiblement la nature de Dieu.

Jésus a mis de côté sa majesté visible et a « tabernaclé » lui-même dans la chair humaine. Il a laissé tomber son omnipotence, son omniprésence et son omniscience. Il a « planté sa tente » dans toutes les faiblesses de la nature humaine exceptée celle du péché. Il est sorti de la gloire visible à laquelle il était attitré et il a cessé d'avoir l'apparence de Dieu. Bien sûr, Jésus n'a pas cessé d'être Dieu car il n'a pas abandonné sa nature divine. Au lieu de cela, il a sacrifié le traitement public et honorifique dus à son rang divin et ensuite il a assumé la condition d'un esclave humain. Il s'est réduit à rien aux yeux des hommes.

Un renoncement volontaire
Ce renoncement à lui-même s'est montré dans l'acceptation volontaire de Jésus, de vivre comme un fœtus vulnérable dans le sein d'une femme, comme un bébé sans défense à Bethléhem, comme un réfugié impuissant en Egypte, comme un enfant illégitime à Nazareth, comme un humble charpentier en Galilée, comme un sans abri voyageant à travers Israël, comme convaincu de crime au Calvaire, etc.

Ce fut ce style de vie, de renoncement à soi, d'effacement de lui-même que Jésus choisit délibérément. Il a volontairement sacrifié sa gloire visible pour embrasser les niveaux supposés les plus bas de l'humanité. Et il nous a appelés à le suivre.

Parce que Jésus était pleinement Dieu, il aurait pu arranger les choses différemment. Il aurait pu « planter sa tente » dans le palais d'un empereur; il aurait pu continuer à rayonner de la gloire visible de Dieu; il aurait même pu ressusciter son père terrestre lorsqu'il est mort. Mais, par un acte volontaire de renoncement à soi, Jésus a choisi de personnifier le contentement humain parfait dans l'obscurité, l'impuissance, l'indifférence et l'apparente insignifiance.

Lorsque Jean-Baptiste appela le peuple à la repentance par l'engagement visible du baptême, Jésus rejoignit les pécheurs qui faisaient la queue. Il ne demanda pas à Jean de se mettre de côté pour le laisser prendre la suite. Au lieu de cela, il se tint à l'endroit où se tenaient les pécheurs. Matthieu 3:15 rapporte que lorsque Jean protesta, Jésus insista pour dire que c'était la juste manière de faire les choses.

Le renoncement à soi volontaire a dominé la vie et le ministère humains de Jésus. Il passa six semaines dans le désert

Salut et révélation

sans nourriture et résista à des tentations dépassant la normale. Il exerça le ministère sans s'attendre à de la reconnaissance ni à une récompense. Il confia son argent à un homme qui en abusa. Il embrassa les lépreux et devint l'ami des rebus de la société. Il lava les pieds. Il fut souvent mal compris et calomnié.

Comme nous l'avons vu, Jésus était sans aucun doute le Serviteur Souffrant d'Esaïe. Mais peu de gens l'ont reconnu. Pilate a réalisé que Jésus était le vrai roi des Juifs. Quelques disciples ont deviné qu'il était le Fils du Dieu vivant. Et la plupart des gens ont probablement pensé qu'il était un homme très bon. Mais Jésus n'était pas le genre de roi humain ou de personne parfaite que les gens s'attendaient à voir où qu'ils idéalisaient.

Ils auraient voulu avoir l'homme idéal promis dans Daniel 7:13-14 qui aurait été servi par tous les peuples de la terre. Jésus était le « Fils de l'homme » mais il n'était pas venu pour être servi mais pour servir, pour nous demander de servir les autres avec lui, plutôt que seulement le servir avec les autres.

Le parfait exemple de l'humanité démontré par Jésus (la manière de vivre idéale, selon Dieu, pour toute personne) est caractérisé par l'effacement de soi, le sacrifice de soi, le don de soi et le renoncement à soi. Cet exemple atteint son accomplissement et se révèle de la manière la plus complète sur la croix. Il devrait être évident que l'acceptation volontaire de Jésus de la croix est la conclusion naturelle de la manière dont il a vécu sa vie humaine.

Un sacrifice de soi volontaire
Dès que les disciples ont réalisé que Jésus était le Christ, « l'homme oint » ou le Messie, il expliqua ce que cela signifiait – dans Matthieu 16:21, Marc 8:31-32 et Luc 9:22.

Cela était anathème pour les disciples. C'est la raison pour laquelle Pierre prit Jésus à part pour le reprendre. Il ne comprenait pas ni ne croyait que le chemin idéal de Dieu put inclure la souffrance, le rejet et la mort. Mais Jésus le corrigea puis dit aux disciples, dans Matthieu 16:24, Marc 8:34 et Luc

Le salut par la grâce

9:23 que l'exigence divine du sacrifice de soi s'appliquait aussi à eux.

Lorsque le temps du sacrifice suprême de Jésus s'approcha, Jésus enseigna ses disciples plus clairement sur le sacrifice de soi demandé aux hommes. Par exemple :

- Il leur enseigna le secret de la vraie grandeur humaine – Matthieu 20:25-27, Marc 10:41-45 et Luc 22:24-27.
- Il démontra la nature sans prétention et paisible de son règne – Matthieu 21:1-11, Marc 11:1-11, Luc 19:28-38 et Jean 12:12-16.
- Il fit l'éloge du sacrifice discret de la veuve – Marc 12:41-44.
- Il applaudit le don extravagant de Marie – Matthieu 26:6-13, Marc 14:3-9 et Jean 12:1-16.
- Il révéla la perfection de son amour et instruisit ses disciples à suivre son exemple – Jean 13:1-16.

Le plus important, c'est que Jésus a enseigné à ses disciples un principe spirituel vital: le sacrifice de soi volontaire est le secret d'une vie qui porte du fruit. Ce principe se trouve inscrit profondément dans la création de Dieu: avant qu'aucune semence ne puisse se multiplier, elle doit mourir et cesser d'être. Si la semence cherche à préserver sa propre existence indépendante, elle reste une graine solitaire; mais elle produit une grande moisson si elle meurt et disparaît.

Jésus prit ce principe et se l'appliqua à lui-même dans Jean 12:23-33. Mais il ne pensait pas seulement à lui car aux versets 25-26, il appliqua précisément le même principe à tous ceux qui voudraient le suivre.

L'homme sur la croix
La mort de Jésus sur la croix ne révèle pas seulement la pleine nature de Dieu, mais elle donne aussi un exemple parfait du modèle idéal de Dieu pour l'humanité. Alors qu'il souffrait,

Salut et révélation

Jésus prit le temps de démontrer la conduite humaine parfaite en demandant à Dieu de pardonner ceux qui l'avaient torturé, et en réconfortant un criminel avec la promesse qu'il serait avec lui au paradis. Et, lorsqu'il mourut, Jésus laissa tout derrière lui, pourvut aux besoins de sa mère, et remit son esprit entre les mains de Dieu.

Luc attire toujours l'attention de ses lecteurs sur le côté pleinement humain de Jésus. Son récit de la croix est plus court que les autres, mais il communique d'un certain côté une intensité et une angoisse remarquables. Luc 22:42-22 montre que Jésus endure une agonie spirituelle sans parallèle dans son combat avec la volonté de Dieu: c'est l'éclairage le plus parlant du Nouveau Testament sur l'humanité du parfait Fils de l'homme.

Dans les différents récits de la crucifixion, Luc est le seul à noter que Jésus est mort en remettant son esprit entre les mains du Père, et qu'il a continué son ministère de pardon jusqu'à la fin.

Luc laisse aux autres auteurs des Evangiles le soin de révéler que la mort de Jésus était « une rançon pour beaucoup » et une victoire sur Satan. Dans sa description de la mort de Jésus sur la croix, il se concentre sur la révélation de l'ultime exemple de la parfaite bonté humaine.

Pour Luc, la croix est le lieu où le Messie, l'homme oint, accomplit sa destinée d'Esaïe 53 en acceptant d'endurer le rejet, la souffrance et la mort. C'est le Christ qui appelle ses disciples à le suivre, à suivre son exemple, à prendre leur croix (chaque jour, selon Luc) et à partager sa manière idéale de vivre et de mourir.

Chapitre Sept

Salut et victoire

Le Nouveau Testament fait écho aux cris de victoire de la première église. Des passages tels que Romains 8:37, 1 Corinthiens 15:57, 2 Corinthiens 2:14 et Apocalypse 2:3 montrent quelle était la conviction des premiers croyants. Ils étaient de victorieux conquérants, des gagnants.

Néanmoins, ils savaient qu'ils devaient leur victoire entièrement à celle de Jésus. Colossiens 2:15, Apocalypse 3:21; 5:5 et 12:11 montrent que c'est Christ qui a vaincu et triomphé – et qu'il l'a fait sur la croix.

Nous pouvons être tellement familiarisés avec l'idée de la « victoire sur et par la croix » que nous pouvons en oublier combien ce concept est étranger à la plupart des non croyants. Comment un Christ crucifié peut-il être un conquérant? Comment une victime peut-elle être victorieuse? Comment un criminel exécuté, qui a été rejeté, trahi, renié et abandonné par ses propres disciples peut-il être destiné au triomphe?

La plupart des gens pensent qu'il est plus raisonnable de décrire la croix comme un lieu de mort et de défaite. Pourtant, les chrétiens proclament que la vérité suprême se trouve à l'opposé des apparences humaines. Il semblerait qu'à la croix, le mal ait triomphé sur le bien, mais la Bible déclare que c'est là que le bien a conquis le mal. Il semblerait que Christ ait été écrasé et mis sur la croix par les puissances de ce monde, mais les Ecritures soulignent qu'il s'agissait du lieu où la Semence de la femme allait finalement écraser la tête du serpent.

Si, comme nous l'avons vu, l'énigme de la victoire de Christ n'est pas la vérité finale du salut, elle en est toutefois un élément important. La croix est le lieu de l'expiation, de la révélation, de la reproduction et de la victoire. Notre compréhension du

Le salut par la grâce

salut est imparfaite si nous négligeons un seul de ces aspects de l'œuvre de Christ. Dans un sens tout à fait réel, toutes ces choses découlent de l'expiation, qui est la vérité centrale de la croix.

De plus, notre expérience personnelle du salut sera appauvrie si nous négligeons une des caractéristiques de l'œuvre de la croix. Il ne suffit pas de comprendre et célébrer les différents aspects du salut, nous devons aussi nous les approprier par la foi et entrer pleinement dans cette réalité.

La victoire progressive

La Bible déclare que Jésus a triomphé de manière décisive sur le diable et l'a désarmé complètement à la croix. Mais elle présente aussi une image progressive de victoire qui conduit vers le moment décisif de la croix et aussi à l'achèvement de cette victoire.

Les prédictions de victoire

Genèse 3:15 est habituellement considéré comme la première allusion à l'Evangile. Cette préfiguration de la croix indique précisément l'aspect « victoire » du salut.

Cette première prédiction du triomphe montrait que c'était la semence de la femme, c'est-à-dire sa postérité, qui serait complètement victorieuse. Il fut plus tard révélé aux prophètes que cette « semence » serait le Messie, le Christ ou « l'homme oint » qui rétablirait le juste règne de Dieu et éradiquerait le mal.

Un survol de l'Ancien Testament et une interprétation de chaque passage à la lumière de la croix montrent que des versets tels que 1 Chroniques 29:11 (qui déclare le règne juste de Dieu présent en Israël) et Esaïe 9:6-7 (qui annonce son règne futur par le Messie) sont des prédictions implicites supplémentaires du triomphe ultime de la Semence de la femme sur le serpent.

Salut et victoire

Des avant-goûts de victoire
Nous avons vu dans *Le Règne de Dieu* que le royaume de justice est arrivé dans et avec Jésus. Si la victoire décisive de Christ sur Satan fut accomplie par sa mort sur la croix, les premières étapes du combat furent gagnées dans sa parfaite soumission à Dieu démontrée par sa vie terrestre. Elle fut aussi gagnée dans les œuvres puissantes qui démontraient son onction et son autorité uniques.

Dès la naissance de Jésus, Satan le reconnu comme son futur vainqueur et chercha aussitôt à le détruire. Il attaqua Jésus de plusieurs manières:

- Le massacre des enfants de Bethléhem par Hérode – Matthieu 2:1-18.
- Les tentations dans le désert, tentation d'éviter la croix – Matthieu 4:1-11.
- La congrégation de Nazareth cherche à le tuer – Luc 4:28-29.
- Les foules désirent en faire un chef politique – Jean 6:15.
- L'opposition de Pierre au chemin de la croix – Matthieu 16:21-23.
- La trahison de Judas – Luc 22 :1-6 et Jean 13:27.

Mais Jésus était déterminé dans sa volonté d'accomplir ce qui avait été prédit. Il annonça que le royaume de Dieu s'était approché et que Satan reculait lorsque les démons étaient chassés, les maladies guéries et la nature calmée – par exemple dans Marc 1:24, Matthieu 4:23 et Marc 4:39.

Luc 9:1-6 et 10:1-24 décrivent comment Jésus a envoyé les douze apôtres et les soixante-dix disciples annoncer la venue du royaume et le représenter en prêchant et en guérissant les malades. Lorsqu'ils revinrent de leur mission, Jésus leur dit qu'il avait vu Satan tomber du ciel suite à leur activité.

Le salut par la grâce

Marc 3:27 et Luc 11:21-22 semblent résumer la compréhension qu'avait Jésus de ses combats avec Satan avant la croix. Le diable avait pu-t-être un homme très fort mais un homme plus fort que lui était venu pour lier et vaincre cet homme fort ainsi que piller sa maison.

Cette opération de lier et vaincre a été achevée seulement à la croix. Dans Jean 12:31 ; 14:30 et 16:11, Jésus a anticipé la dernière offensive du diable sur la croix et promis qu'il serait chassé et condamné. De plus, Hébreux 2:14-15 déclare que c'est par sa mort que Jésus a détruit le diable et libéré ses captifs.

Le moment de la victoire
Colossiens 2:13-15 est la déclaration la plus claire du Nouveau Testament concernant la victoire de Christ sur la croix. Dans cet important passage, l'apôtre Paul met côte à côte deux aspects du salut.

Premièrement, il illustre l'acte de grâce de Dieu de pardon sur la croix en le comparant à la manière dont les dettes étaient annulées à cette époque. Paul montre que Dieu nous a libérés de notre faillite morale et spirituelle en payant nos dettes sur la croix ; de plus, Dieu a aussi détruit tous les relevés de compte de notre endettement.

Paul décrit ensuite le puissant acte de Dieu, de conquête sur la croix. Il montre qu'il a dépouillé ses ennemis de leurs armes et les a mis en spectacle en montrant leur impuissance et leur défaite.

Nous devons reconnaître que Paul utilise des images terrestres frappantes pour décrire une réalité spirituelle invisible. De même que Dieu n'a pas littéralement cloué la liste de nos dettes sur la croix, de même Jésus n'a pas littéralement exhibé les démons vaincus dans la ville de Jérusalem.

Les images utilisées par Paul nous communiquent une vérité profonde. Le pardon et la victoire sont deux événements simultanés et inévitablement associés. En fait, nous pouvons presque dire que Christ a triomphé sur le mal en payant nos

Salut et victoire

dettes et qu'en nous délivrant de nos péchés il nous a délivrés du péché.

Nous observons dans *Connaître le Fils* que la soumission parfaite est l'essence de la filialité de Jésus. De même que Jésus a vaincu le diable durant son ministère en résistant à la tentation, et par sa parfaite soumission et obéissance au Père, de même il a triomphé sur le diable sur la croix par la parfaite obéissance décrite dans Romains 5:19 et Philippiens 2:8.

La parfaite soumission du Fils était indispensable au salut. Si Jésus avait désobéi ne serait-ce qu'un instant, s'il avait dévié ne serait-ce que d'un centimètre du chemin de Dieu, la petite emprise laissée au diable lui aurait été suffisante pour détruire le plan du salut. Mais Jésus a obéi au Père complètement – et ainsi le diable a été défait.

Sur la croix, le diable a provoqué Jésus par la torture, l'injustice, les mensonges et les insultes, mais Jésus a refusé de lui céder le moindre terrain. Il aurait pu commander à une armée d'anges de lui venir en aide, il aurait pu descendre de la croix. Mais, au lieu de vaincre le mal par la force, il l'a vaincu par le bien, comme l'explique Romains 12:21.

Le diable a utilisé toutes les armes de son arsenal pour tenter Jésus et le pousser à désobéir à Dieu, pour haïr ses ennemis, pour imiter l'utilisation que le monde fait de la puissance. Par son obéissance, son renoncement à lui-même, son amour et son humilité, Jésus a gagné la victoire morale décisive sur le mal. Au cœur même du conflit, il est resté pur, sans se laisser ni contaminer ni corrompre par le diable.

En dépit de tout ce que le diable a fait à la croix, il n'a pas réussi à avoir la moindre emprise sur Jésus. Lorsque Jésus est mort sans péché, le diable a dû accepter sa défaite. Le diable essayait vraiment de vaincre Jésus par la croix, mais il n'a pas réussi, et en retour, Jésus l'a vaincu. Cela signifie que la victoire prévue depuis longtemps de la Semence de la femme, qui a commencé durant la vie et le ministère terrestres de Jésus, fut décisivement remportée par sa mort sur la croix.

Le salut par la grâce

La confirmation de la victoire

Certains chrétiens pensent que la croix était une défaite temporaire et que la résurrection fut le réel moment de victoire. Mais la croix était la victoire et la résurrection ne fut que la preuve visible et la démonstration publique de la victoire obtenue sur la croix. Nous le voyons par exemple dans Actes 2:24, Ephésiens 1:20-23 et 1 Pierre 3:22.

Bien sûr, le Nouveau Testament lie toujours la croix au tombeau vide – comme dans Marc 8:31; 9:31; 10:34, Luc 24:30-35, Jean 10:17-18, Actes 2:23-24, Romains 6:1-4, 1 Corinthiens 15:1-8, 2 Corinthiens 5:15, 1 Thessaloniciens 4:14 et Apocalypse 1:18. Cela signifie que nous ne devrions pas proclamer la croix sans la résurrection ni la résurrection sans la croix, car Jésus est à la fois le Seigneur vivant et le Sauveur expiant.

En dépit de ce lien indestructible, nous ne comprendrons le salut correctement que lorsque nous apprécierons la vraie relation qui unit la mort triomphante de Christ à sa résurrection confirmatrice.

Dans ce livre, nous avons vu que nous avons été sauvés par le sang, par la mort de la croix. C'était le sang sur la croix qui a accompli notre salut, révélé la nature de Dieu et gagné la victoire décisive sur le diable. C'est le sang qui a accompli notre rédemption et notre réconciliation. C'est le sang qui a satisfait la double demande du besoin humain et de la nature de Dieu; et ainsi de suite.

Le Nouveau Testament montre toujours que « Christ est mort pour nos péchés » et jamais qu'il est « ressuscité pour nos péchés »: Hébreux 2:14 le montre clairement. La résurrection n'a pas obtenu notre salut. Au lieu de cela, elle est la preuve ultime de notre salut. De même que l'incarnation était l'exigence indispensable du salut, de même la résurrection était la confirmation indispensable de notre salut. La résurrection a justifié Jésus, a déclaré qu'il était Fils de Dieu et révélé que sa mort substitutive avait obtenu notre salut. Il s'agissait de la manière dont Dieu assumait publiquement la victoire de la croix.

Salut et victoire

Toutefois, nous ne devons jamais oublier que c'est vraiment la croix et non la résurrection qui a accompli effectivement notre salut. C'est la raison pour laquelle la croix a toujours été le symbole universel de la foi chrétienne, et non le tombeau vide ni la colombe.

L'application de la victoire
Dans *Le Règne de Dieu*, nous voyons que le royaume de Dieu est à la fois « maintenant » et « pas encore ». Bien que le diable ait été définitivement vaincu à la croix, il n'a pas encore admis totalement sa défaite; bien qu'il ait été renversé, il n'a pas été éliminé. Il continue à s'opposer, à tenter, séduire et attaquer tous les disciples de Christ.

Le « maintenant » et le « pas encore » en tant que paradoxe du royaume correspond aux promesses du Nouveau Testament. Nous sommes assis avec Christ et nous régnons avec lui avec toutes les forces du diable sous nos pieds. Mais cette réalité du « maintenant » et du « pas encore » du royaume nous donne un avertissement. Nous ne pouvons pas résister aux forces spirituelles d'opposition sans la force et l'armure du Seigneur. La promesse, c'est que Christ nous garde et que le malin ne peut pas nous toucher. L'avertissement, c'est que nous devons veiller, car ce même ennemi rôde autour de nous, cherchant qui il pourra dévorer. Nous découvrons ce paradoxe dans Éphésiens 1:20-23; 6:10-17, 1 Jean 5:18 et 1 Pierre 5:8.

Le « maintenant » et le « pas encore » signifient que le royaume est venu, mais qu'il n'est pas encore complet. Ils montrent que la bataille décisive a été gagnée, mais que l'ennemi ne s'est pas encore rendu. Ils indiquent que l'homme fort a été lié, mais que sa maison n'a pas été totalement pillée ni tous ses captifs libérés. Ils montrent que Goliath a été tué et que David est retourné à Jérusalem dans le triomphe, mais que les fantassins israélites doivent encore finir d'écraser les troupes démoralisées des Philistins.

Certains chrétiens se concentrent trop sur la dynamique « maintenant » de la foi, alors que d'autres se préoccupent du

Le salut par la grâce

côté « pas encore ». Toutefois nous sommes appelés à célébrer la percée décisive – et à vivre dans le bénéfice de cette victoire, et l'appliquer – tout en reconnaissant que la victoire du royaume ne sera complète que lorsque la fin sera venue.

La mort expiatoire de Christ garantit de manière inconditionnelle tous les aspects du salut pour toute l'éternité. Toutefois nous n'expérimentons pas tous les bénéfices du salut entièrement maintenant. Romains 8 montre bien que c'est en espérance que nous sommes sauvés et que ce que nous voyons, peut-on l'espérer encore ? Cela signifie qu'il doit y avoir un élément invisible et non expérimenté de notre salut et de notre vie chrétienne. Il y aura donc toujours quelque chose à compléter par Dieu au dernier jour. Dans Romains 8, Paul nous exhorte à espérer ce que nous ne voyons pas et à l'attendre avec une grande passion et dans la persévérance.

Le « maintenant » et le « pas encore » ont des implications évidentes pour chaque aspect de notre salut, mais nous devons faire attention de ne pas faire des distinctions arbitraires entre ces deux temps du salut. Nous jouissons de tous les bénéfices du salut « maintenant », mais tout ce que nous expérimentons n'est jamais qu'un avant-goût de ce dont nous jouirons pleinement au dernier jour.

Par exemple, grâce à la victoire de Christ, notre expérience présente de la guérison est considérable. Toutefois, elle est essentiellement incomplète, car tout le monde n'est pas guéri de tout et tous ceux qui sont guéris finissent un jour par mourir. Mais chaque guérison est à la fois un avant-goût authentique et une préfiguration prophétique de la guérison parfaite et totale correspondant à la résurrection finale.

Il en est de même en ce qui concerne la sanctification et la victoire. Notre expérience présente est importante. Mais quelle que soit la proximité dans laquelle nous vivons avec Dieu, nous ne pourrons atteindre la perfection absolue ni une victoire sans fin dans cette vie. En effet, bien que le diable ait été désarmé et vaincu, il n'a pas encore été éliminé. Notre sanctification grandissante est donc au contraire un

Salut et victoire

merveilleux avant-goût de la perfection éternelle qui nous est assurée. Chaque expérience de victoire que nous faisons est un indicateur prophétique de la victoire absolue du dernier jour.

Bien sûr, si nous appliquons la victoire de Christ dans notre vie en prenant la victoire sur les attaques du diable, nous devons aussi appliquer cette victoire en libérant ceux qui sont encore captifs du diable. Comme nous le voyons dans *Atteindre les Perdus*, l'église a été envoyée pour étendre le règne triomphant de Dieu, dans la puissance de l'Esprit, en proclamant à la manière d'un héraut, démontrant et incarnant la Bonne Nouvelle de Jésus-Christ.

En proclamant, en vivant et en démontrant l'Évangile, nous appelons les hommes à se détourner de Satan vers Dieu, des ténèbres à la lumière, des idoles au Dieu vivant et vrai – nous le voyons par exemple dans Actes 26:18, 1 Thessaloniciens 1:9 et Colossiens 1:13.

Cela nous montre que chaque conversion implique une confrontation de puissance où le diable est forcé de lâcher prise sur la vie de quelqu'un en reconnaissant ainsi la puissance supérieure et la victoire de Christ.

L'achèvement de la victoire

En vivant et en saisissant toute la signification du « maintenant » et du « pas encore » du royaume, nous devrions toujours avoir en vue l'achèvement et la consommation de la victoire de Christ lors de son retour.

Le Psaume 110 est la prophétie de l'Ancien Testament à laquelle Jésus se réfère le plus fréquemment dans le Nouveau Testament. Le Seigneur Dieu a dit à Jésus de s'asseoir à sa droite. Il est assis à cette position d'autorité, régnant depuis le ciel, depuis l'ascension. Mais Jésus attend toujours que Dieu fasse de ses ennemis son marchepied.

Nous sommes le peuple volontaire de Psaume 110:3 qui, au jour de la puissance du Seigneur, étend le sceptre de sa puissance dans les nations, au milieu de ses ennemis. Mais

Le salut par la grâce

nous attendons toujours ce qui est décrit par Psaume 110:5-7, de la colère et du jugement.

Lors de ce jour grand et terrible, tout genou fléchira devant Jésus, toute langue le confessera comme Seigneur, et quelque chose de terrible aura lieu lorsque le diable et ses forces seront jetés dans l'étang de feu, comme le décrit la Bible.

En ce jour de victoire finale, tout mal sera détruit, toute mort finira et le Fils remettra le royaume au Père. Le « pas encore » sera finalement devenu le « maintenant » – pour toute l'éternité. Cette étape finale sera le plus grand moment dans la vie et le ministère de Jésus. Nous en entendons parler dans 1 Corinthiens 15:24-28, Philippiens 2:9-11, Apocalypse 20:10 et 14.

Vivre dans la victoire
Le verbe grec *katargeo* est souvent traduit par « détruire » ou « anéantir ». Il est utilisé dans Hébreux 2:14, Romains 6:6 et 2 Timothée 1:10 en référence au diable, la chair et la mort.

Dans *Atteindre les Perdus*, nous voyons que le verbe *apollumi* « perdre » ou « périr » se réfère à « la perte du bien être » plutôt qu'à la « perte de l'être » – à la ruine plutôt qu'à l'extermination: il en est exactement de même pour *katargeo*.

Katargeo signifie « rendre inefficace », « rendre stérile » ou « rendre inopérant ». C'était le verbe utilisé dans le monde grec du 1er siècle pour décrire une terre stérile ou des arbres qui ne portaient pas de fruits.

Ces terres ou ses arbres existaient toujours, ils n'avaient pas été détruits, mais ils avaient été coupés et n'avaient plus de fonction.

Ainsi, lorsque le Nouveau Testament applique *katargeo* au diable, à la chair et à la mort, il ne suggère pas qu'ils ont été « complètement » détruits à la croix. Le diable est toujours actif, la chair continue à s'affirmer dans notre vie, la mort continue d'opérer: ils existent toujours, mais ils ont été coupés et brisés à la croix.

En d'autres termes, la victoire décisive de Christ n'a pas

Salut et victoire

aboli le diable, la chair et la mort, elle les a simplement rendus inefficaces en les dépouillant de leur pouvoir.

Vivre dans la victoire signifie donc vivre dans cette connaissance. Le diable existe toujours, mais sa puissance a été fondamentalement démantelée. La chair nous suggère tout un tas de choses, mais il ne s'agit que de vaines menaces. La mort montre toujours son horrible tête, mais il n'y a plus rien à en craindre.

1 Jean 3:8 montre que le Fils a été envoyé par le Père pour confronter et vaincre Satan, et pour défaire le dommage qu'il avait directement infligé ou indirectement causé.

Le Nouveau Testament se réfère à différents aspects de la victoire salvatrice de Christ mais il accentue en particulier notre libération triomphante de la Loi, la chair, le monde et la mort.

Libérés de la Loi
Dans Romains 6:14; 10:4, Galates 3:13 et 5:18, l'apôtre Paul enseigne que nous avons été libérés de l'esclavage de la Loi par la victoire de Christ sur la croix.

La Loi condamnait notre désobéissance en nous plaçant ainsi sous sa « malédiction » ou son jugement. Mais la mort de Christ nous a libérés de cette malédiction de la Loi parce qu'il a été fait malédiction pour nous. Comme nous le voyons dans *Le Règne de Dieu*, Christ était l'accomplissement de la Loi qui ne nous maintient donc plus sous l'esclavage de sa condamnation.

Romains 8:1-4 explique qu'en Christ, nous ne sommes plus condamnés. Dieu a en effet condamné nos péchés en Christ. Ce passage montre que Dieu a fait cela *afin que* les justes exigences de la Loi soient pleinement accomplies en nous. Il démontre ainsi que la croix nous libère de la condamnation de la Loi *afin que* nous puissions être libres de vivre et marcher dans l'obéissance au Saint-Esprit.

La victoire de Christ sur la Loi et notre libération subséquente de la Loi sont donc démontrées par notre marche dans et avec

Le salut par la grâce

l'Esprit. Notre vie dans l'Esprit correspond tout simplement à notre expérience continue de la victoire de Christ.

Libérés de la chair
Nous avons vu dans *Atteindre les Perdus* que « la chair », *sarx*, représente les hommes dans leur origine terrestre, leur faiblesse naturelle et leur aliénation par rapport à Dieu. La chair est souvent la cause des activités du péché – Galates 5:16-19.

La « chair » humaine se caractérise par l'égocentrisme. Galates 5:16-21 fait la liste de quelques conséquences des appétits naturels de la chair. Jésus a parlé de la liberté qu'il apporte dans Jean 8:34-36. Romains 6:6 montre que notre libération de la nature égocentrique et déchue de la chair vient par la croix.

Notons que Galates 5:16-25 décrit la libération de la chair en termes de marche par l'Esprit. Une fois de plus, notre expérience continue de la victoire de Christ est démontrée par notre marche dans et avec l'Esprit. Notre partenariat avec l'Esprit est notre expérience de la victoire.

La libération du monde
Nous pouvons dire que la « chair » est l'accroche principale du diable à l'intérieur de nous et que le « monde » est le moyen principal qu'il utilise pour nous oppresser depuis l'extérieur. Dans ce contexte, « le monde » désigne la société sans Dieu, hostile à l'Eglise et qui essaye continuellement de la compromettre par rapport à ses valeurs saintes.

1 Jean 2:15-16, Jean 16:33 et 1 Jean 5:4-5 montrent qu'aimer le monde et aimer le Père sont deux choses incompatibles. Selon ces passages, le monde est caractérisé par des désirs égocentriques, des jugements superficiels et un matérialisme plein de péché. Ils montrent que Jésus a vaincu le monde et que par lui, nous pouvons être vainqueurs nous aussi.

Lorsque Jésus proclame qu'il a triomphé du monde, il veut dire qu'il a rejeté ses valeurs faussées et maintenu sa perspective divine sur les hommes et sur les choses

Salut et victoire

matérielles. Lorsque nous croyons en Jésus, nous partageons sa victoire sur le monde en partageant ses valeurs éternelles. Romains 12:1-2 et Galates 6:14 nous montrent que vivre dans la victoire de Christ sur le monde signifie justement ne pas se conformer à ses valeurs et être progressivement transformés par le renouvellement de notre compréhension de la volonté de Dieu.

Rien ne révèle aussi clairement la nature de Dieu que la croix. C'est par elle que le monde a été crucifié pour nous, et nous au monde, afin que nous soyons libérés de son esclavage. Ainsi nous pouvons vivre la volonté et les valeurs de Dieu librement.

Libérés de la mort
Hébreux 2:14-15 nous enseigne que Jésus nous a libérés de la peur de la mort parce que par sa mort, il a « détruit » (ou, mieux, « rendu inefficace ») celui qui avait le pouvoir de la mort.

Parce que le péché est « l'aiguillon » de la mort, la première raison pour laquelle la mort est douloureuse et déplaisante, Jésus a résolu le problème de la mort en résolvant celui du péché. C'était le péché qui, dès le départ, avait causé la mort. A cause de lui, l'humanité continue à faire face au jugement après la mort. Cette racine du péché est la raison essentielle de la crainte universelle de la mort qui habite l'homme.

Toutefois, Christ est mort pour nos péchés et les a ôtés. Sa victoire sur le péché signifie que nous avons été libérés de la peur du péché et du jugement et par conséquent de la peur de la mort.

Dans 1 Corinthiens 15:54-57, l'apôtre Paul compare la mort à un scorpion dont le dard a été retiré et à un conquérant militaire dont la puissance a été brisée. Maintenant que nous avons été pardonnés par la mort de la croix, la mort ne peut plus nous causer de dommage: par notre Seigneur Jésus-Christ, Dieu nous a donnés la victoire sur la peur de la mort.

Bien sûr, comme le diable, la mort est toujours là : elle a été neutralisée, et non éliminée. Elle existe toujours, mais elle a perdu son pouvoir de faire mal et de terrifier. Jean 11:25-26

Le salut par la grâce

rapporte la grande promesse de Jésus à ses disciples au sujet de la mort: cela ne signifie pas que nous échapperons à la mort physique, mais qu'elle sera seulement une transition de la vie sur la terre à la plénitude de la vie.

Le Christ victorieux

Le livre de l'Apocalypse annonce la victoire de Christ d'une voix plus forte et plus claire qu'aucun autre livre de la Bible. Le Nouveau Testament utilise un groupe de mots grecs pour la victoire (*nike*, *nikos* et *nikao*, « victoire », « conquérir », « vaincre ») 29 fois dont 13 dans l'Apocalypse. Nous retrouvons ces mots par exemple dans Matthieu 12:20, Jean 16:33, Romains 12:21, 1 Corinthiens 15:54-57, 1 Jean 2:13-14; 4:4; 5:4-5, Apocalypse 2:7, 11, 17, 26; 3:5, 12, 21; 6:2; 11:7; 12:11; 15:2; 17:14 et 21:7.

Il semble que l'Apocalypse ait été écrite dans les deux dernières décennies du 1er siècle, durant le règne de Domitien. A cette époque, la première église était persécutée de manière systématique par les autorités romaines, principalement à cause de son refus d'adorer l'Empereur.

Dans le livre de l'Apocalypse, l'Esprit, par l'apôtre Jean, soulève le voile sur le monde des réalités spirituelles invisibles et nous donne la capacité de voir ce qui se passe derrière la scène terrestre.

Ce livre nous révèle le conflit qui existe entre l'Eglise et le monde en tant qu'expression visible du combat invisible qui se livre entre Christ et Satan, l'Agneau et le dragon, la Semence de la femme et le serpent, et ainsi de suite.

L'Apocalypse nous dépeint ce conflit en plusieurs visions dramatiques que les chrétiens interprètent de manière variée comme décrivant:

- ◆ L'époque limitée à Jean.
- ◆ Toute l'histoire de l'église.
- ◆ Seules les années précédant immédiatement le retour de Christ.

Salut et victoire

De plus, certaines personnes interprètent cette série de tableaux apocalyptiques séquentiellement, alors que d'autres les considèrent comme des révélations complémentaires qui présentent les mêmes événements à partir de points de vues différents.

Quelle que soit la manière dont nous interprétons l'Apocalypse, nous devrions pouvoir en dégager les enseignements suivants:

- ◆ Le conflit spirituel invisible se reflète toujours dans le monde physique.
- ◆ Christ a la victoire sur tous les plans dans la bataille.
- ◆ C'est pourquoi nous devrions être victorieux.

Presque toutes les références à Christ dans le livre de l'Apocalypse le montrent comme victorieux.

Par exemple:

- ◆ Le livre commence avec des références à son triomphe dans 1:5 et 1:17-18.

- ◆ Les sept lettres adressées aux églises de Christ sur la terre, dans 2:1 à 3:22 finissent toutes par une promesse spécifique donnée aux vainqueurs.

- ◆ 4:1 à 7:17 se concentre sur Christ sur le trône dans le ciel: il est le lion et l'Agneau qui règne et triomphe par son sacrifice – cela se voit spécialement dans 5:5 et 5:9.

- ◆ Les événements culminants décrits dans 8:1 à 11:19 (la guerre, la famine, les fléaux, les martyrs, les tremblements de terre, les désastres environnementaux) sont tous considérés comme étant pleinement sous le contrôle de l'Agneau. Celui-ci est déjà en train de régner et son royaume parfait sera bientôt achevé.

Le chapitre 12 semble être le pivot du livre. Il pourrait être le résumé du conflit qui existe entre la Semence de la femme et

Le salut par la grâce

le serpent. La victoire décrite au verset 9 doit faire allusion à la croix, parce que le peuple du verset 11 a vaincu le dragon par le sang de l'Agneau.

A ce point de la vision, le diable a été défait et détrôné (rendu inefficace mais non détruit). Cela ne signifie pas pour autant que ses activités ont pris fin. Au vu de sa damnation imminente, sa rage lui fait plutôt redoubler d'efforts.

Cela souligne ce que nous avons vu dans l'ensemble du Nouveau Testament: la victoire décisive a été gagnée à la croix, mais le conflit continue.

Les trois monstres
L'Apocalypse décrit ensuite trois alliés qui assistent le dragon qui a été frappé.

Dans 13:1-10, le dragon délègue ses pouvoirs, son trône et sa souveraineté à un premier monstre qui blasphème ensuite contre Dieu, s'oppose violemment aux saints, les conquiert temporairement, et est adoré par tous sauf ceux qui suivent l'Agneau.

Le premier monstre semble symboliser les autorités qui persécutent l'Eglise. Nous pouvons dire que cette sorte de « monstre » était visible dans l'empire romain à l'époque de Jean, que cette « chose » est réapparue au cours de l'histoire dans tous les types de régimes politiques qui se sont opposés à l'Eglise et exigeaient l'allégeance sans faille de leur peuple. Cette « chose » peut être vue dans certaines parties du monde aujourd'hui. Cette « chose » sera sans doute encore plus active dans les derniers jours avant le retour de Christ.

Le second monstre décrit dans 13:11-18 semble être un comparse du premier monstre. Il pousse à l'adoration des faux dieux, opère de faux signes et séduit l'humanité. Il force les gens à adorer l'image du premier monstre et à porter sa marque.

A l'époque de Jean, ce monstre pouvait symboliser ceux qui faisaient la promotion de l'adoration de l'Empereur Domitien. De nouveau, nous pouvons dire que cette « chose » est réapparue

Salut et victoire

au cours de l'histoire à travers les fausses religions et les idéologies impies qui ont trompé les peuples en les poussant à adorer tout sauf le Dieu vivant et vrai. Nous pouvons être sûrs que cette « chose » se manifestera encore plus clairement dans l'avenir.

Le troisième monstre apparaît en 17:3 – après que la victoire finale de l'Agneau ait été prédite avec confiance et célébrée à plusieurs reprises dans 14:1-5; 15:1-4 et 16:4-7. L'arme de ce monstre semble être la séduction plutôt que la *persécution* ou la *tromperie*, et il cherche à piéger les gens par l'immoralité et le matérialisme.

Les activités séductrices de ce monstre sont décrites dans les chapitres 17 et 18. Il fait la guerre à l'Agneau en compromettant ceux qui suivent l'Agneau dans l'immoralité et le matérialisme, deux des grandes forces séductrices du diable (la troisième étant le pouvoir). 17:14 montre clairement que l'Agneau va totalement vaincre ce monstre.

A l'époque de Jean, ce monstre aurait pu-t-être visible dans la corruption morale de l'Empire romain et dans le déclin moral qui conduisit à sa chute.

Depuis, cette « chose » a continué son travail, essayant de paralyser l'Eglise par des attitudes immorales et un matérialisme rampant. Une fois de plus, nous pouvons être sûrs que ce monstre redoublera d'efforts à l'approche du jour de sa défaite finale.

Les chapitres 18 et 19 décrivent la chute du troisième monstre – et révèle que cela n'est que justice. Jésus le Vainqueur apparaît dans 19:11-16 pour juger et faire la guerre, et les trois derniers chapitres de l'Apocalypse décrivent la destruction finale de Satan, sa mort, et la création de nouveaux cieux et d'une nouvelle terre où Dieu établira son règne parfait.

Etre un vainqueur

Le message central de l'Apocalypse est clair: Jésus a vaincu Satan sur la croix, et l'éliminera un jour définitivement. Ce n'est qu'à la lumière de ces deux certitudes absolues que

Le salut par la grâce

l'Apocalypse peut encourager les croyants à confronter les activités continuelles de Satan dans le domaine de la persécution, de la tromperie et de la séduction.

Le Saint-Esprit, par l'Apocalypse de Jean, nous presse d'être des vainqueurs, d'entrer dans la victoire de Christ sur la croix et de triompher sur la puissance du diable. Et le Nouveau Testament suggère qu'il y a deux manières simples de devenir victorieux et de vivre dans la victoire.

Premièrement, 1 Pierre 5:8-9 et Jacques 4:7 nous pressent de résister au diable, de lui résister avec une foi ferme. Nous n'avons rien à craindre car il a été vaincu à la croix. Lorsque nous sommes revêtus de l'armure de Dieu décrite dans Ephésiens 6:10-17, nous pouvons tenir contre lui et vaincre.

Nous ne devons pas fuir devant les monstres diaboliques de la persécution, la tromperie et la séduction. Nous devons leur résister au nom de Jésus le Vainqueur afin que le diable fuie loin de nous de même qu'il fuit loin de Jésus.

En fait, nous ne sommes pas seulement vainqueurs, car Romains 8:37 nous décrit comme *hupernikao* c'est-à-dire « hyper-vainqueurs » ou « super-héros ». Même dans les temps de tribulation, de détresse, de persécution, de famine, guerre, pauvreté et péril, Paul proclame que nous devrions être « plus que vainqueurs » – par celui qui nous a aimés.

Deuxièmement, Apocalypse 12:11 montre que nous vainquons le diable par le sang de l'Agneau et la parole de notre témoignage. Comme nous le voyons dans *Atteindre les Perdus*, nous sommes appelés à proclamer, à démontrer et à incarner la Bonne Nouvelle de Jésus-Christ. Et Actes 26:18 révèle que c'est en témoignant de Jésus que les gens se tournent de Satan à Dieu. C'est de cette manière que le royaume de Satan recule et que le royaume de Dieu avance.

Nous devons nous rappeler que c'est seulement par la croix de Christ que nous pouvons triompher sur Satan – à la fois dans notre vie personnelle et dans la mission de l'Eglise.

Nous savons que nous sommes appelés à une sainte repentance et une évangélisation radicale, à un sacrifice de

Salut et victoire

soi sans égocentrisme et une patiente endurance. Mais ces choses n'ont de signification qu'à cause de l'accomplissement de la victoire de la Semence de la femme sur le serpent. Cette victoire finale, acquise par la postérité de la femme, nous pouvons l'apercevoir derrière la ligne d'arrivée.

Chapitre Huit

Salut et vie nouvelle

Dans *Atteindre les Perdus*, nous avons noté que la Bible considère souvent l'humanité non sauvée comme *apololos*, « perdue ». C'est le mot que Luc 19:10 utilise pour résumer la mission de Jésus: il est venu pour sauver *apololos*, « ce qui était perdu ».

Apololos vient du verbe grec *apollumi* « ruiner entièrement », ou « gâcher totalement » ou « perdre complètement ». Bien que certaines versions de la Bible traduisent *apollumi* par « tuer », le mot signifie en réalité « la perte du bien être » et non « la perte de l'être »: il parle de dévastation et de ruine plutôt que d'extinction et de mort.

« L'état de perdition » fondamental de l'humanité est l'une des raisons majeures du ministère salvateur de réconciliation de Dieu. Les hommes et les femmes qui sont totalement perdus ont un urgent besoin d'être retrouvés puis ramenés à Dieu (auquel ils appartiennent de droit) pour être pleinement réconciliés avec lui.

Bien que la « perdition » soit l'image biblique principale qui décrive l'humanité déchue, elle n'est pas la seule. L'Ecriture utilise toute une palette de mots, métaphores, synonymes et images dans son inspiration pour révéler la plénitude du salut plein de grâce de Dieu. Dans la Bible, les notions de la « mort » et de « l'aveuglement » inhérents à l'humanité déchue sont des fils conducteurs dans le grand thème du salut. Le mort et l'aveugle n'ont pas seulement besoin d'être trouvés et réconciliés. Ils ont aussi besoin de recevoir une nouvelle vie et une nouvelle lumière par la source de toute vie et de toute lumière. Ils ont besoin de la vie et la lumière salvatrices de Dieu *autant que* de pardon, de réconciliation, de victoire etc.

Le salut par la grâce

Nous avons déjà vu la grâce salvatrice de Dieu se manifester dans les œuvres de Christ, l'expiation, la révélation et la victoire. Mais l'œuvre de Christ, lorsqu'il donne la vie nouvelle, fait ressortir la grâce divine de manière encore plus claire, si cela était possible.

Même si nous savons bien que c'est Dieu qui prend l'initiative d'atteindre les perdus, l'idée d'avoir nous-mêmes participé au processus de réconciliation n'est jamais très lointaine. Certaines personnes trouvées et réconciliées supposent qu'elles ont contribué à cette œuvre, ne serait-ce qu'en appelant à l'aide et en étendant les mains vers Dieu.

Mais ceux qui sont morts ne peuvent rien pour se sauver eux-mêmes. Ils ne peuvent pas crier à l'aide, ils ne peuvent pas se ressusciter eux-mêmes, ils ne peuvent même pas tendre une faible main vers Dieu. Bien au contraire, ils ont eu besoin que Dieu fasse tout pour eux. C'est pourquoi le salut doit être entièrement le fait de la grâce de Dieu.

Ils ont eu besoin de Jésus qui est venu souffrir comme un parent divin pour la naissance céleste d'une nouvelle création. Ils ont eu besoin de la vie nouvelle qu'il a amenée à l'existence à travers la croix.

Ils ont eu besoin de cet aspect de l'œuvre du salut à la croix qui a mis la vie éternelle à la disposition de tous. Ils avaient enfin besoin de Dieu dans sa grâce pour leur donner cette vie, pour souffler son Esprit divin dans leur esprit mort, pour placer sa semence divine dans le plus profond de leur être intérieur.

Cet aspect « reproducteur » du salut devrait être la preuve finale et convaincante que le salut vient entièrement et seulement de Dieu. Pour autant que la Bible soit concernée, soit nous avons été sauvés par grâce, soit nous n'avons pas été sauvés du tout.

La nouvelle naissance
La plupart des chrétiens connaissent bien l'expression « nouvelle naissance » et « né de nouveau ». Il arrive plus rarement qu'ils aient réfléchi en profondeur à ces notions ou qu'ils aient essayé

Salut et vie nouvelle

de les comprendre dans leur contexte biblique. Chaque aspect du salut est préfiguré dans les quatre chants du serviteur d'Esaïe. Esaïe 53:10-11 promet que le jour de sa mort, lorsque le serviteur est frappé pour les transgressions du peuple de Dieu, il verra « sa postérité » et le « travail de son âme ».

La Bible nous montre que ce « serviteur souffrant » n'est autre que Jésus. Nous pouvons donc nous attendre à ce que les Evangiles le décrivent en train de voir sa postérité, le travail de son âme, le jour de sa mort. Ils en parlent en effet. Après les six heures sur la croix qu'on pourrait considérer comme « l'enfantement spirituel », Jésus était dans les mêmes conditions qu'une femme en travail, il soupirait après l'eau comme la biche du Psaume 42:1-2.

Jean 19:28-30 rapporte le cri de Jésus « *j'ai soif* » qui accomplissait les prophéties de Psaume 22:15 et 42:1. Lorsque les soldats répondirent, ils accomplirent le Psaume 69:21. L'Evangile décrit aussi son cri *d'exultation triomphante*. Car lorsque Jésus fut dans ce « travail », il cria « c'est fait ! ». Comme le serviteur d'Esaïe 53:10, il avait prophétiquement aperçu sa postérité, le fruit de son sacrifice – une nouvelle création, une humanité rachetée, née de nouveau dans la nature de Dieu.

Dans Jean 12:23-33, Jésus a prédit plusieurs aspects de sa mort salvatrice sur la croix. Il a expliqué que sa mort révélerait la gloire de Dieu, qu'elle chasserait le mauvais prince de ce monde dehors et qu'*elle reproduirait sa propre vie et nature de manière merveilleuse.*

Dans ce passage prophétique important, Jésus promet implicitement que sa mort sur la croix amènerait la naissance d'un grand nombre de personnes qui reproduiraient sa nature – exactement de la même manière qu'un grain de blé tombe en terre et meurt pour se reproduire lui-même avec sa nature propre.

L'arrière-plan de l'Ancien Testament

Tous les aspects de la croix que nous avons considérés ont été préfigurés dans l'Ancien Testament, et c'est aussi le cas

Le salut par la grâce

pour la nouvelle naissance. Des passages tels qu'Exode 4:22, Deutéronome 32:6 et Osée 11:1 montrent que l'ensemble du peuple d'Israël était considéré comme le fils premier-né de Dieu. Les passages de 2 Samuel 7:14, Psaume 2:7 et 89:27 révèlent que le peuple considérait son roi comme un fils spécial de Dieu.

Certains responsables pensent que ces passages se réfèrent plus à un « choix d'alliance » qu'à une « reproduction spirituelle », mais ces notions ne peuvent être dissociées. Comme nous l'avons vu, chaque aspect du salut est relié à l'alliance de Dieu. Or, la promesse d'une vie nouvelle et d'une reproduction de la vie de Dieu est au cœur de toutes les alliances bibliques. L'alliance de Dieu avec Abraham garantissait une pléiade de descendants; son alliance avec Moïse garantissait un peuple; son alliance avec David garantissait une descendance familiale; et sa nouvelle alliance avec l'humanité lui garantissait à lui-même une pléiade de descendants, un peuple saint, une famille divine. Ainsi nous voyons que Dieu donne une vie nouvelle et une nouvelle naissance chaque fois qu'il agit dans l'alliance.

Le Psaume 2 est spécialement significatif: Il pointe sur l'alliance messianique de Dieu aux versets 2, 6 et 9 et relie l'idée de « l'onction » de Dieu avec « l'engendrement » de Dieu. (Engendrer : donner la vie à un enfant, en parlant d'un homme ou des parents). Dieu a oint Jésus parce qu'il l'avait engendré – il est le Fils éternel du Père éternel.

Le lien dans le Psaume 2 entre « onction » et « engendrement », le don de l'Esprit de Dieu et le don de la Semence de Dieu, suggère que Celui que Dieu « engendre » est Celui que Dieu « oint » de son Esprit. L'association avec les promesses de l'alliance messianique suggère que cette « onction d'engendrement » fait partie de l'activité de Dieu dans l'alliance.

Sur un certain plan, le Psaume 2 est un aperçu trinitaire qui est accompli en Jésus: il est le Fils de David, le Fils unique engendré du Père, la Semence (postérité) de Genèse 3, le Christos – Celui qui est oint de l'Esprit.

Salut et vie nouvelle

De manière plus profonde, toutefois, le Psaume 2 préfigure le lien entre le don de l'Esprit et le don de la vie nouvelle que Jésus révèle dans Jean 3, libère à la croix et qui est réaffirmé dans 1 Jean 2:20-29.

Jésus et Nicodème
Bien que l'idée d'une « vie nouvelle » ou d'une « nouvelle naissance » apparaisse dans des passages du Nouveau Testament tels que Tite 3:5, 1 Pierre 1:22-2:3 et 1 Jean 3:9, cet aspect de la nouvelle naissance est le mieux décrit par Jésus dans la fameuse conversation nocturne qu'il eut avec Nicodème et que l'on trouve dans Jean 3:1-21.

Nicodème semble être l'une des personnes mentionnées dans Jean 2:23-25 qui croyaient en Jésus à cause des signes qu'ils avaient vus: le « nous » dans Jean 3:2 suggère que Nicodème était venu en tant que porte-parole de ce groupe.

Jésus n'avait pas répondu favorablement à leur foi dans Jean 2:24-25 et c'est de la même manière qu'il réagit à la question de Nicodème en Jean 3:3. Nicodème, même s'il est bien intentionné, révèle une profonde incompréhension au sujet de Jésus.

La réponse de Jésus en Jean 3:3 semble traiter la salutation de Nicodème comme une question implicite sur la manière d'entrer dans le royaume de Dieu.

Jésus explique à Nicodème qu'il n'est pas venu de Dieu de la manière dont il le pense, mais dans l'unique sens qu'il est descendu de la présence de Dieu dans le but spécifique d'élever les hommes vers Dieu.

L'enseignement de base de Jésus dans Jean 3 est simple. Les hommes revêtent une chair humaine et entrent dans le royaume du monde lorsque leurs parents les engendrent, lorsque leur mère leur donne naissance. De la même manière, les hommes entrent dans le royaume de Dieu seulement lorsqu'ils sont engendrés par Dieu et nés de lui.

La vie terrestre vient de et par nos parents terrestres; la vie éternelle vient du Père céleste.

Le salut par la grâce

Elle est enfantée par le Fils que le Père a revêtu de puissance pour donner la vie nouvelle.

Nicodème ne comprenait toujours pas l'enseignement de Jésus et pensait qu'il voulait dire que les hommes avaient besoin d'expérimenter une seconde naissance physique. Jésus, toutefois, se référait au temps préfiguré dans l'Ancien Testament où les hommes et les femmes renaîtraient en tant qu'enfants de Dieu.

Comme Nicodème ne pouvait pas saisir l'idée d'une reproduction spirituelle, de Dieu engendrant et donnant naissance, Jésus continua par expliquer son sujet plus en détails.

Né de l'Esprit
L'un des tests les plus simples de la vie biologique est de vérifier si la personne respire ; et, à l'époque de Jésus, le souffle/esprit (il s'agit du même mot en hébreu) était considéré comme le principe de vie.

Dieu avait donné la vie physique à l'humanité lorsqu'il avait soufflé le « souffle/esprit » dans les narines de l'homme dans Genèse 2:7.

De la même manière, la mort physique a lieu lorsque Dieu reprend son souffle/esprit – nous le voyons dans Genèse 3:6, Job 34:14 et Ecclésiaste 12:7.

Jésus expliqua à Nicodème que de la même manière que la vie physique avait commencé lorsque Dieu avait mis son souffle/esprit dans l'humanité, la nouvelle vie commence lorsque Dieu donne son souffle/esprit à l'humanité. Jésus insista, dans Jean 3:5-8, pour dire que personne ne pouvait entrer dans le royaume de Dieu à moins d'être « né de l'Esprit » – donc à moins d'avoir reçu le souffle de vie de Dieu.

En tant que membre du Sanhédrin, Nicodème aurait dû reconnaître ces illustrations car le don de l'Esprit avait été prédit notamment dans Esaïe 32:15; 44:3, Ezéchiel 36:25-26 et Joël 2:28-29. (Les mots de Jésus dans Jean 3 nous aident à saisir que « naître de nouveau », « recevoir une vie nouvelle », «

la nouvelle naissance » et « être né de l'Esprit » sont différentes expressions qui désignent la même œuvre de la Croix.)

Dans Jean 3:6, Jésus a mis en contraste la chair et l'Esprit de la même manière qu'il avait comparé la naissance terrestre à la naissance céleste. Ce contraste n'a rien à voir avec les subdivisions supposées de l'être humain, ni avec une distinction entre le matériel et le spirituel. En effet ici, la « chair » se réfère à l'humanité telle qu'elle naît dans le monde – et, en tant que telle, elle possède quelque chose à la fois de matériel et de spirituel. Au lieu de cela, Jésus établit un contraste entre les hommes « tels qu'ils sont » et les hommes « tels qu'ils peuvent être » – lorsqu'ils reçoivent la vie nouvelle et sont nés de l'Esprit.

Dans Jean 3:7-8, Jésus expliqua clairement à Nicodème qu'il y avait quelque chose de très mystérieux à propos de cette naissance de l'Esprit. Il s'appuya sur Ecclésiaste 11:5 et utilisa la comparaison du vent pour montrer que le mystère était apparenté à la réalité de l'action de l'Esprit.

Même si nous pouvons voir les effets du vent, nous ne pouvons voir le vent qui cause ces effets. De la même manière, nous pouvons voir ceux qui sont nés de nouveau, sans voir quand ni comment l'Esprit a opéré en eux, et sans savoir pourquoi une personne est née de nouveau et une autre ne l'est pas.

Le Fils élevé
Dans Jean 3:1-8, Jésus expliqua que l'entrée dans le royaume de Dieu implique que Dieu donne son souffle/esprit de vie et que c'est là quelque chose que seul Dieu peut accomplir. Nicodème ne comprenait toujours pas, et dans Jean 3:9, il demanda à Jésus comment cela pouvait se faire.

Jésus assura Nicodème qu'il savait bien de quoi il parlait parce qu'il était venu d'en haut – et il insista pour dire qu'il était le seul qualifié pour répondre à la question. En effet, personne d'autre n'avait jamais été au ciel. Bien que les versets 3 et 16 soient probablement les plus connus de l'Evangile de Jean, ce sont les versets 14 et 15 qui sont la clé de ce chapitre, le cœur de l'Evangile

Le salut par la grâce

de Jean et l'essence du « salut et la vie nouvelle ». Dans Jean 3:14-15, Jésus a expliqué que la vie nouvelle ne pouvait venir que s'il était élevé sur la croix. Cela signifie que la « vie nouvelle », « nouvelle naissance », le fait « d'être né de nouveau », « né de l'Esprit » etc. n'est chose possible que par la mort du Fils.

Le verset 14 est la première déclaration de trois affirmations de l'Evangile qui se réfèrent à Jésus « élevé » ou « exalté » : les deux autres se trouvent dans Jean 8:28 et 12:32-34. (Notons qu'une fois de plus, cet aspect particulier du salut est annoncé dans le chant du serviteur d'Esaïe en 52:13).

Le verbe grec *hupsoo*, « être élevé » ou « exalté », est aussi utilisé dans Actes 2:33 et 5:31 pour se référer à l'ascension de Jésus; et le mot hébreu parallèle, *nasah*, peut signifier à la fois mort et glorification – comme dans Genèse 40:13 et 19. Cela nous montre que l'élévation de Jésus commence dans sa mort, est démontrée publiquement dans sa résurrection et s'achève par son ascension.

Dans Jean 3:15, Jésus dit à Nicodème que son élévation sur la croix comme le serpent de Moïse dans le désert conduirait directement au don de la vie éternelle pour tous ceux qui croiraient en lui.

Dans ce passage pivot, Jésus promet à Nicodème qu'il donnera la vie nouvelle, éternelle, lorsqu'il sera élevé et glorifié. Ainsi il apparaît clairement que la vie nouvelle sera la vie des enfants de Dieu, la vie née d'en haut, la vie née de l'Esprit, le souffle de Dieu lui-même.

Croire dans le Fils

Croire est l'un des grands thèmes de l'Evangile de Jean, et Jean 20:31 déclare que l'Evangile a été écrit dans le but précis de conduire les lecteurs à croire en Jésus afin qu'ils puissent avoir la vie en son nom. C'est la raison pour laquelle Thomas le « douteur » fait l'objet d'une description si précise dans cet Evangile avec le point culminant de sa déclaration de foi dans Jean 20:27-28.

Salut et vie nouvelle

Dans Jean 3:15, Jésus dit à Nicodème que la vie éternelle vient par le fait de croire en lui. Mais nous devons comprendre que c'est la foi dans *celui qui est élevé*. Trop de gens citent Jean 3:16 sans s'apercevoir que ce passage doit être compris dans le contexte des versets 14 et 15.

La vie éternelle que Jésus promet à ceux qui croient, n'est la vie que pour ceux qui croient dans celui qui a été élevé comme l'avait été la perche de Moïse dans le désert. Cela signifie que notre foi ne conduira pas à une vie nouvelle à moins qu'elle ne soit basée fermement sur la Croix.

Nombres 21:4-9 rapporte comment les Israélites pécheurs et mordus par les serpents, étant sûrs de mourir, purent être sauvés d'une mort certaine seulement par le fait de regarder le serpent d'airain. Moïse l'avait fait et mis sur une perche en tant que provision de vie de la grâce de Dieu dans un temps de jugement. Si les hommes croyaient dans la provision de Dieu, et démontraient leur confiance en regardant *à cette perche*, ils vivaient; s'ils ne regardaient pas, ils mourraient du venin des serpents.

De la même manière, Jésus est venu du ciel en tant que provision divine de grâce au jour du jugement pour tous ceux qui sont en train de mourir à cause des activités du Serpent ancien.

Lui aussi a été élevé sur une perche en tant que moyen de vivre donné par Dieu: si les hommes démontrent leur foi dans la provision gracieuse de Dieu en regardant à Celui qui est *sur la croix*, ils recevront la vie éternelle ; mais s'ils ne regardent pas à cette croix, ils périront.

De Jean 3:1 à 3:15, Jésus se concentre sur Nicodème et le don de la vie nouvelle pour des hommes et des femmes à titre individuel. Dans Jean 3:16-17, Jésus montre que le don de Dieu de la vie nouvelle est pour le monde entier. Il explique que Dieu n'a pas l'intention de se reproduire dans juste quelques enfants; le Père, le Sauveur qui reproduit sa nature, donnera la vie nouvelle au monde entier.

Le salut par la grâce

La vie nouvelle en Christ

Le thème de la vie nouvelle domine les écrits des apôtres Jean et Paul.

Jean présente l'union entre le Père et le Fils comme un modèle pour la vie chrétienne et décrit la vie nouvelle du croyant dans les termes de « demeurer en » ou « être en » Jésus. Nous le voyons par exemple dans Jean 6:56; 14:10-24 et 15:1-10.

L'image que donne Jésus de la vigne, dans Jean 15, exprime concrètement la centralité de la vie de Dieu qui coule à travers la vie des membres de son peuple. Jean 15:7 n'a de sens que si la vie, la nature et la pensée de Dieu sont infusées dans les croyants.

Jean montre clairement que le don de la vie de Dieu est supposé produire le caractère et la qualité de la vie même de Dieu. Ceux qui demeurent en Christ sont obligés de marcher comme Christ a marché et de vivre comme il a vécu: nous le voyons dans 1 Jean 2:5-6, 27-28; 3:6, 24; 4:12-13, 15-16 et 5:20.

La « vie éternelle » décrite par Jean dans 3:15-16; 6:40, 47; 20:31, 1 Jean 1:2; 2:5 et 5:20 désigne bien une existence dans la présence de Dieu après la mort, qui est reçue à l'avance par la foi dans Celui qui est sur la Croix – mais l'expression ne se réfère pas *seulement* à cela.

La vie éternelle pour Jean est aussi une réalité présente (ou sinon son enseignement sur le fait de demeurer en Christ n'a pas de sens). Il s'agit d'une nouvelle forme d'existence présente qui signifie que ceux qui croient en Celui qui est élevé peuvent participer à une qualité de vie *sur la terre* qui possède toutes les caractéristiques de la vie même de Dieu dans le ciel.

L'apôtre Paul utilise des mots plutôt différents de ceux de Jean. Lorsqu'il se réfère à la « vie éternelle » – comme dans Romains 2:7; 5:21; 6:22 et Galates 6:8 – il fait allusion seulement à l'héritage futur des croyants. Cela ne signifie pas que Paul rejette l'idée de la vie éternelle expérimentée personnellement dans le présent. Cela veut juste dire qu'il utilise toute une série d'expressions différentes pour décrire la vie nouvelle

Salut et vie nouvelle

du croyant sur la terre. Par exemple, Paul se réfère à notre vie nouvelle en tant que:

- Union avec Christ
- En Christ
- Dans l'Esprit
- Christ en nous
- L'Esprit en nous
- Revêtir Christ

Paul semble utiliser ces expressions de manière interchangeable, mais elles suggèrent toujours, à la fois, un acte *historique défini* et un *processus continu*.

Quelle que soit la phrase que Paul utilise pour décrire la « vie nouvelle », il désigne toujours une vie qui a été amenée à l'existence par Dieu à la Croix: il se réfère à une reproduction de la nature de Dieu par l'Esprit et par la mort du Fils. En dépit de tout cela, toutes les phrases de Paul se réfèrent systématiquement à un processus continu consistant à vivre la vie nouvelle de Dieu dans le monde.

Nous voyons cela dans l'ensemble du salut: les dons du pardon et de la réconciliation sur la Croix sont sensés produire des vies qui sont continuellement caractérisées par le pardon et la réconciliation. La révélation complète de Dieu à la Croix est sensée produire des vies qui révèlent constamment la nature sacrificielle de Dieu. La victoire de Christ sur la Croix est sensée produire une vie de victoire continuelle. Ainsi pour ce qui concerne le don de Dieu de la vie nouvelle par la Croix, ce don est sensé produire des vies qui sont continuellement (et toujours plus) caractérisées par la vie de Dieu.

Le don de la vie nouvelle n'est pas simplement un « ticket pour le ciel » (même si c'est le cas), c'est aussi le don du souffle de Dieu qui est sensé nous transformer à la ressemblance de Dieu afin que nous puissions manifester sa nature.

Le salut par la grâce

L'union avec la mort et la vie de Christ
La plupart des images de Paul concernant la vie nouvelle impliquent une identification avec la mort de Christ aussi bien qu'une incorporation dans sa vie.

Cela se voit surtout dans Romains 6, où il présente le baptême comme un symbole et le sceau de notre union avec Christ dans sa mort et sa résurrection. Dans ce chapitre, Paul présente l'argument suivant: si la mort de Jésus était un événement historique, l'incorporation des croyants dans sa mort est tout aussi historique.

Selon Paul, lorsque Christ est mort sur la Croix, tous ceux qui devaient être unis en lui sont également morts. Cela veut dire que nous sommes immédiatement unis à une mort qui s'est déroulée lorsque nous avons mis notre foi en Christ sur la Croix. Il devrait être clair que cette mort à soi-même est nécessaire avant que nous puissions participer à la vie de résurrection de Jésus.

Nous avons vu que la victoire de Christ sur la Croix nous a rendus capables de partager sa victoire. Cela n'est possible, toutefois, que parce que Dieu nous a unis avec Christ dans une nouvelle sorte de vie dans laquelle la chair du péché n'a plus l'autorité qu'elle avait – car elle a été crucifiée et mise à mort. C'est pour cette raison que Paul nous presse dans Romains 6:11 de nous considérer nous-mêmes comme morts au péché et vivants pour Dieu. Et c'est la réalité, il ne s'agit pas d'une fiction juridique.

Bien que Paul utilise le symbolisme du baptême dans Romains 6 pour décrire notre union avec la mort de Christ, il se concentre plus sur notre union avec sa vie de résurrection.

La mort salvatrice de Jésus a été glorieusement justifiée dans la réalité historique de sa résurrection. Cela nous montre qu'une transformation cosmique a eu lieu sur la Croix, et qu'elle a été maintenant démontrée par une nouvelle vie de résurrection. Notre union avec Christ – par le don de sa nouvelle vie – signifie que nous embrassons la manière de vivre du Christ ressuscité et que nous la vivons sur la terre.

Salut et vie nouvelle

En Dieu

Lorsque dans 2 Corinthiens 5:17, Paul décrit la nouvelle vie du croyant « en Christ » comme une « nouvelle création », il se réfère au changement radical qui prend place lorsque quelqu'un reçoit la vie nouvelle de Dieu et croit en Celui qui est élevé sur la Croix.

Paul utilise les mots « en Christ » pour exprimer l'idée que ce qui s'est passé pour Christ affecte chaque croyant qui se trouve en Christ. La « nouvelle création » arrive à un croyant parce qu'elle est arrivée à Christ en conséquence de la Croix: elle nous est arrivée parce que nous sommes unis avec lui par le miracle de sa grâce.

Dans ses lettres, Paul utilise beaucoup l'expression « en Christ » pour montrer que notre vie nouvelle est complètement dépendante de Christ et qu'elle est dépendante de notre union avec lui ou de notre incorporation à lui.

Paul décrit chaque aspect de la vie chrétienne – individuellement ou collectivement – comme étant « en Christ »: notre *rédemption passée*, nos *activités présentes* et notre *héritage futur*. Nous le voyons par exemple dans Romains 3:23; 8:1, 39; 16:3-12, 1 Corinthiens 1:5; 4:10, 15, 17; 15:22, 2 Corinthiens 2:17; 5:17; 13:4, Philippiens 1:1, 13; 2:1; 4:13, Colossiens 2:15, 1 Thessaloniciens 1:1 et 2:14.

Dans cette série de *l'Epée de l'Esprit*, nous notons que la Bible considère la vie chrétienne comme dominée par l'Esprit. Dans Romains 8:9, Paul explique que les chrétiens ne sont pas dans la chair mais dans l'Esprit et il identifie l'Esprit comme l'Esprit de Dieu et l'Esprit de Christ. Cela nous montre que pour Paul, « dans l'Esprit » et « en Christ » sont deux expressions qui expriment la même idée de la vie nouvelle du croyant en Dieu.

Comme nous l'avons vu, le changement radical de la vie nouvelle qui a été opérée en Christ est venu par l'Esprit.

Le Dieu qui habite en nous

La compréhension de Paul de la vie nouvelle que Dieu reproduit en nous est tellement riche qu'il complète son

Le salut par la grâce

thème majeur « en Christ » avec le concept plus discret dans ses écrits de « Christ en nous ». De la même manière, son expression courante « dans l'Esprit » est parfois complétée par les mots « l'Esprit en nous ».

La grâce est visible: il est évident que l'initiative ne nous appartient pas et que c'est une autre présence qui prend la situation en mains. C'est l'image la plus dynamique que Paul donne de la vie nouvelle. Nous le voyons par exemple dans Romains 8:9, 2 Corinthiens 13:5, Galates 2:20, Ephésiens 3:17 et Colossiens 1:27.

Romains 8 est le passage classique de Paul sur le Dieu qui habite en nous, Romains 8:9 souligne que la vie nouvelle est l'opposé de l'ancienne vie dans la chair, et qu'elle est le résultat de l'habitation de l'Esprit en nous.

L'Esprit présent en nous implique une manière de vivre totalement nouvelle. Cette habitation suggère que dans un certain sens, l'Esprit prend possession du croyant qui devient ensuite un nouveau temple de l'Esprit. Selon Paul, c'est cette présence qui habite en nous qui garantit notre position spirituelle, notre vie nouvelle et notre filialité éternelle: nous le voyons par exemple dans Romans 8:16, 1 Corinthiens 3:16; 6:19, 2 Corinthiens 1:22 et 5:5.

Si Dieu ne place pas sa vie en nous, s'il ne met pas son Esprit en nous, nous n'avons pas de vie nouvelle, nous restons dans la chair, nous demeurons morts et ne sommes pas sauvés.

Se dépouiller et se revêtir
Dans le Nouveau Testament, se débarrasser de la vie ancienne et embrasser la nouvelle est présenté comme un moment historique. Cet événement a eu lieu au calvaire et nous y avons été associés par grâce, par la foi en Celui qui est sur la Croix: nous le voyons dans Colossiens 3:9-10. « Se débarrasser et embrasser », toutefois, est aussi présenté comme un processus qui est lui-même caractéristique de la vie nouvelle, nous le voyons dans Colossiens 3:12-14.

Salut et vie nouvelle

Il y a une similitude avec le sacrifice désintéressé de Christ : il a eu lieu une fois pour toutes à la Croix pour l'expiation, mais il sera toujours l'essence de la vie de résurrection que nous partageons avec lui.

Paul écrit sur le thème de se revêtir de Christ dans Romains 13:14 et Galates 3:27. Dans Romains 13:14, revêtir Christ est présenté comme l'opposé d'être dominé par la chair et ses désirs. C'est une nouvelle manière de vivre. Cette expression signifie vivre d'une manière qui se conforme à la manière de vivre de Christ.

Dans Galates 3:27, toutefois, Paul utilise de nouveau le symbolisme du baptême pour décrire la vie nouvelle. C'est comme si ceux qui sont baptisés s'enveloppent dans les nouveaux vêtements de Christ pour entrer dans une nouvelle sphère de vie.

Paul utilise aussi sa métaphore de « se revêtir » dans Romains 13:12 et Éphésiens 6:10 pour suggérer de nouvelles manières de vivre. Mais Éphésiens 4:24 est de loin l'utilisation la plus significative de cette illustration.

Dans ce passage, Paul ne suggère pas que l'homme nouveau est surimposé à l'ancien, il exige une transformation progressive qui reproduit la ressemblance de Dieu dans la sainteté. De la même manière, le processus de « se revêtir » dans Colossiens 3:12-15 implique le développement de la compassion, la douceur, la patience et l'amour.

Paul souligne aussi l'importance de se dépouiller de la vieille manière de vivre dans Romains 13:12, Éphésiens 4:22-31 et Colossiens 3:8. Se dépouiller n'est pas une condition préalable au fait de se revêtir, cela en effet élimineraient le rôle de la grâce. Non, ce n'est que lorsque nous avons embrassé le nouvel homme que nous pouvons nous débarrasser de l'ancien. C'est le don de la vie de Dieu qui nous rend capables de commencer à nous débarrasser de l'ancienne manière de vivre et de commencer à vivre dans la vie de résurrection de Dieu. Au milieu de tout cela, dans Éphésiens 4:30, Paul nous avertit de ne pas attrister l'Esprit Saint. Nous devons

Le salut par la grâce

nous rappeler que la vie nouvelle de Dieu n'est possible que par l'habitation de l'Esprit en nous. Et ceux d'entre nous qui possédons la vie nouvelle de Dieu devons être sensibles aux exigences de l'Esprit dans notre approche venue de l'ancienne manière de vivre.

L'acte de salut de Dieu, par la mort de son Fils à la Croix, a produit la vie nouvelle, a reproduit la vie de Dieu dans une nouvelle création. Mais la vie nouvelle n'existe pas automatiquement, il s'agit d'une relation vivante, d'un partenariat vibrant et nous avons besoin de l'aide continuelle de la Parole et de l'Esprit pour pouvoir jouir des bénéfices de la vie nouvelle de Dieu et pour développer cette maturité que Dieu désire. Nous devons continuellement nous approprier des bénéfices de cette nouvelle vie et nous laisser gagner par elle.

Chapitre Neuf

Par grâce, par la foi

Dans ce livre, nous nous sommes attachés à montrer l'enseignement fondamental de la Bible. Le salut est par la grâce seule, par Dieu seul et par la foi seule. Toutefois nous devons toujours garder à l'esprit que la Bible est beaucoup plus qu'un traité sur la grâce ou sur la foi.

Le salut biblique entre toujours dans un contexte de relations que Dieu a établies avec différentes personnes. Le salut par la grâce et par la foi est toujours *relationnel*. On ne peut donc le réduire à une théorie.

Nous avons également souligné que le message du salut n'est pas limité au Nouveau Testament. En effet, à ce point de notre étude, il va sans dire que le Nouveau Testament assume et approfondit la compréhension vétérotestamentaire du salut en clarifiant certains aspects ainsi qu'en ajoutant bon nombres de choses meilleures et nouvelles.

Par exemple, l'Ancien Testament insiste pour dire que Dieu seul peut sauver – et non l'humanité. Cette assertion est reprise par Jésus dans le lien qu'il établit entre salut et royaume. Dans l'Ancien Testament, le salut de Dieu est reçu simplement en plaçant notre confiance en Dieu. Jésus enseigne aussi qu'on entre dans le royaume et dans le salut de Dieu uniquement par la foi. Dans les deux cas, c'est Dieu qui sauve. Ce salut n'est ni théorique ni abstrait. Il s'inscrit dans un processus historique concret.

L'Ancien Testament rapporte plusieurs actes de salut basés sur une relation (comme celui de l'Exode) qui possèdent toujours un certain nombre de caractéristiques. Le peuple échappe à un ennemi, Dieu fait un effort important, ceux qui sont sauvés triomphent et sont en bonne santé et leur

Le salut par la grâce

confiance en Dieu est justifiée par les événements. Le ministère de salut de Jésus suit un modèle similaire, à l'exception près que les ennemis et les résultats sont spirituels et que le grand effort divin consenti est la mort sacrificielle du Fils de Dieu.

Un salut reprenant à son compte les actes passés de Dieu
Le Nouveau Testament *intègre* le ministère de salut de Jésus dans les actes passés du salut de Dieu.

Il enseigne que la venue de Jésus réalise toutes les espérances, les attentes, les désirs, les promesses et les prophéties de salut de l'Ancien Testament. Il annonce que le Messie, le Christ, Celui qui est oint est venu accomplir les plans de Dieu. Il révèle que Dieu a sauvé et racheté son peuple. Il déclare enfin que le Fils de David a défait ses ennemis et règne maintenant dans les lieux très hauts.

Cette approche développe une compréhension intégrée de l'Ancien Testament. Dans l'Ancien Testament, le salut relationnel impliquait:

- Un regard sur le passé: à ce que Dieu avait fait pour son peuple à la Pâque en le délivrant de l'esclavage et en l'amenant dans une vie nouvelle, dans le pays promis.

- Un regard circulaire: à ce que Dieu était en train de faire à ce moment-là dans le désir d'une plus grande expérience de son salut dans le présent. Le salut, pour Israël, incluait toujours une confrontation quotidienne avec les ennemis et des difficultés à vaincre dans le pays promis.

- Un regard porté vers l'avant dans l'attente du jour où le Messie reviendrait et les sauverait pleinement, finalement et complètement et ferait toutes choses justes et nouvelles.

Cette approche « passée, présente et future » du salut relationnel est développée dans l'ensemble du Nouveau Testament.

Par grâce, par la foi

C'est une approche que nous devons saisir plus profondément aujourd'hui.

Le salut dans le passé

Les croyants regardent avec raison leur salut comme pleinement accompli, une fois pour toutes. Ils le considèrent comme un événement historique du passé. Nous savons que c'est Dieu seul qui nous a délivrés du pouvoir de la mort et de l'emprise de Satan par le sang sacrificiel et substitutif de son Fils – car nous ne pouvions ni nous sauver nous-mêmes de nos geôliers ni payer le prix de notre culpabilité.

Nous savons que c'est Dieu seul qui a vaincu et nous a guéris de notre aliénation. Nous étions séparés de lui par notre péché; il était séparé de nous par sa colère; et il n'y avait rien que nous aurions pu faire pour combler ce fossé.

Toutefois, par la mort expiatoire de Christ, notre péché *a été* ôté et la colère de Dieu a été satisfaite. Il peut nous regarder avec plaisir et nous pouvons le regarder sans peur. Notre péché a été pardonné et Dieu *a été* apaisé par la propitiation!

Nous savons que c'est Dieu seul qui nous *a justifiés* et déclarés non coupables. Nous étions responsables de notre péché. Nous étions à blâmer pour notre rébellion. Nous étions coupables et condamnés devant Dieu.

Or, la mort de Jésus avait un caractère de substitution, de confession, de médiation où nos péchés étaient portés, qui absorbait et donnait pleine satisfaction à Dieu dans son jugement. Ainsi par cette imputation de sa justice sur notre compte, Dieu nous a déclarés éternellement libres de tout blâme et capables de vivre dans sa présence.

Et nous savons que c'est Dieu seul qui nous a donné le don de la vie nouvelle. Nous étions spirituellement aveugles. Nous étions spirituellement sans vie, il n'y avait rien que nous aurions pu faire pour ouvrir nos yeux ou pour nous ressusciter nous-mêmes. Notre situation était désespérée.

Mais le Fils *a été* élevé très haut. Il a travaillé pour donner naissance à une nouvelle création. Il est mort comme un grain

Le salut par la grâce

de blé pour reproduire sa vie. Dieu a soufflé son souffle/esprit en nous. Nous *sommes* nés de nouveau. Nous *sommes* nés de l'Esprit.

Tous ces accomplissements de Dieu seul sont objectivement passés. Il s'agit d'événements pratiques et concrets de l'histoire, aussi réels que l'Arche de Noé, que l'Exode et que d'autres grands actes de salut relationnel qui ont transformé la vie des membres du peuple de Dieu dans le passé.

Dieu *a* agit victorieusement dans sa grâce contre le péché, le jugement, la mort et le diable. Il *a été* apaisé par la propitiation. Nous avons été pardonnés. Nous *avons été* justifiés. Nous *avons été* rachetés. Nous *avons été* réconciliés. Nous sommes nés de nouveau dans une vie nouvelle. Nous *avons été* sauvés. Comme Christ l'a déclaré triomphalement sur la croix, « tout est accompli ! ».

Le salut dans le présent

Notre compréhension et notre expérience du salut biblique, intégré et relationnel ne doit pas rester dans le passé. Dieu ne nous a pas seulement sauvés entièrement dans le passé, il nous sauve aussi entièrement dans le présent.

Le Nouveau Testament appelle cette expérience présente du salut la « sanctification », qui signifie « être séparé ». Une fois de plus, il s'agit d'une notion profondément ancrée dans l'Ancien Testament.

Dieu avait séparé le sabbat, le temple, les objets du culte, les prêtres, les lévites et même la nation. Personne ne pouvait être séparé par une consécration humaine. Le droit de séparer ou de mettre à part appartenait à Dieu seul. Tout ce qu'il mettait à part était appelé « saint » – non parce ce qu'il s'agissait de quelque chose de bon en soi ou de spécial, mais parce que Dieu avait séparé ces choses pour le servir lui et ses buts seuls. Les croyants sont appelés à être des temples et des prêtres ; leur vie doit être un instrument utile et un saint sabbat. Ils doivent être membres d'une nouvelle nation.

Par grâce, par la foi

D'autre part, si nous avons été sanctifiés pour Dieu, nous devons continuer à l'être. Nous nous sommes revêtus de l'homme nouveau, nous avons revêtus Christ, mais nous devons continuer à le revêtir. Nous avons crucifié la vieille nature, mais nous devons continuer à la crucifier tous les jours.

L'aspect *expérimental* présent de la sanctification a été traditionnellement considéré sous trois angles différents dans le monde évangélique.

- La pensée *wesleyenne* ou le « *mouvement de sainteté* » explique habituellement la sanctification comme « l'amour divin expulsant le péché ». L'amour pur de Dieu domine tellement le cœur du croyant et sa vie qu'il expulse toute attitude fausse et acte mauvais. Cet amour contrôle toutes les pensées, les paroles et les actions du chrétien.

- Les wesleyens affirment qu'après la régénération, les croyants doivent, par la foi, avoir une seconde expérience dite de « l'entière sanctification » ou de la « perfection chrétienne ». Ils basent leur compréhension de la sanctification sur des passages comme 1 Jean 1:7-9; 3:6-9 et 5:18 qui, pensent-ils, laissent espérer que nous pouvons être sauvés dans le présent de tout péché.

- Les croyants *réformés* expliquent en général la sanctification en termes de l'idée de Paul d'une lutte à l'intérieur de nous. Cette lutte est décrite dans Romains 7:7-25 et Galates 5:16-26.

- Ils pensent que la lutte du croyant entre la chair et l'Esprit est contraire à la loi de Dieu, mais qu'elle continue jusqu'à la mort à cause de la dynamique « maintenant » et « pas encore » du royaume. Ils enseignent toutefois qu'il y a un remplacement progressif de la vieille nature par la nouvelle grâce à la repentance, la foi et l'obéissance.

Le salut par la grâce

- Les *pentecôtistes* enseignent que tous les chrétiens devraient chercher à recevoir un baptême spirituel (promis dans Actes 1:5-8) qui est subséquent à la régénération.

- Ils maintiennent que cette « onction » de l'Esprit Saint est donnée pour que le chrétien puisse avoir la puissance de Dieu pour proclamer l'Evangile et pour vivre la vie nouvelle de Dieu avec la sainteté de Dieu.

- Contrairement à beaucoup de wesleyens (et aux premiers pentecôtistes qui étaient influencés par le mouvement de sainteté) ils ne croient pas que cette onction crée « une perfection sans péché automatique », mais qu'elle donne une puissance divine. Ils croient que cette puissance donne la possibilité d'une expérience plus profonde de la sainteté de Dieu.

- Contrairement à d'autres croyants, les pentecôtistes ne croient pas que Dieu s'attend à ce qu'ils luttent continuellement contre la chair avec leurs propres forces. Au lieu de cela, ils affirment que Dieu, par l'Esprit, *les rend capables*, par la foi et l'onction de l'Esprit, de vaincre les attaques de la chair et du diable, et de vivre dans la sainteté de Dieu. Toutefois, cela ne devrait pas être interprété comme une identification entre le baptême du Saint-Esprit et la sanctification de la part des pentecôtistes, car il est clair qu'il s'agit de deux choses différentes.

Nous considérons l'expérience présente du salut dans cette série *Epée de l'Esprit*, spécialement dans *Le Règne de Dieu, la Gloire dans l'Eglise, Une Foi Vivante* et *Connaître l'Esprit*.

Le salut futur
Nous mettons souvent l'accent sur le fait que le royaume est « maintenant » et « pas encore ». Nous avons aussi souligné

Par grâce, par la foi

à plusieurs reprises que Christ est présent dans le monde maintenant par l'Esprit mais qu'il est aussi à venir. Nous avons vu que le diable et la mort ont été vaincus, mais qu'ils n'ont pas encore été détruits. Nous savons aussi que le salut a été reçu, mais qu'il n'a pas encore été reçu entièrement, et ainsi de suite…

En tant que croyants, nous ne devrions pas seulement regarder à la croix dans la louange et la reconnaissance pour ce que Dieu a fait dans le passé ; nous ne devrions pas nous limiter à regarder dans le présent à ce que l'Esprit fait dans notre vie pour nous rendre encore plus semblable à Jésus et partager son ministère ; nous devrions aussi regarder de l'avant vers le jour de la manifestation finale du salut, jour où Jésus reviendra. La mort et le diable seront finalement détruits, tout genou fléchira devant le Seigneur des seigneurs et le Roi des rois, et Dieu établira de nouveaux cieux et une nouvelle terre.

Il n'est pas étonnant que cet aspect du salut relationnel soit fermement ancré dans l'Ancien Testament. Les prophètes s'attendaient au jour où le Dieu qui avait plusieurs fois visité son peuple les visiterait finalement pour juger les méchants, racheter les justes et débarrasser cette terre de tout mal. Ils appellent ce jour le « Jour du Seigneur » ou « ce jour ».

Le Nouveau Testament considère que la première venue de Christ est l'accomplissement de cette espérance de l'Ancien Testament, et que sa seconde venue sera la consommation de cette espérance. Ce que l'Ancien Testament voir se passer en un jour par anticipation, le Nouveau Testament révèle que cela s'accomplira en deux jours.

Le Nouveau Testament s'attend encore au grand jour final du salut et l'appelle :

- ♦ Le jour du Seigneur – Actes 2:20 ; 1 Thessaloniciens 5:2 & 2 Pierre 3:10

- ♦ Le jour du Seigneur Jésus – 1 Corinthiens 5:5 & 2 Corinthiens 1:14

- ♦ Le jour de notre Seigneur Jésus-Christ – 1

Le salut par la grâce

      Corinthiens 1:8
- Le jour de Jésus Christ – Philippiens 1:6
- Le jour de Christ – Philippiens 1:10 & 2:16
- Le jour de Dieu – 2 Pierre 3:12
- En ce jour – Matthieu 7:22; 24:36; 26:29; Luc 10:12; 2 Thessaloniciens 1:10 & 2 Timothée 1:18
- Le dernier jour – Jean 6:39-44; 11:24 & 12:48
- La seconde venue – Hébreux 9:28.

Le Nouveau Testament utilise différents mots grecs importants pour décrire et représenter le jour futur du salut. Parousia, « présence » ou « arrivée », est utilisé dans 1 Corinthiens 16:17 et 2 Corinthiens 7:7 pour désigner la visite d'un gouverneur. Le même Jésus qui est monté au ciel, revisitera la terre avec sa présence personnelle à la fin des temps, en puissance et en gloire, pour détruire l'antéchrist et le diable, pour ressusciter les justes de la mort et pour rassembler ses rachetés. Nous le voyons par exemple dans Actes 1:11; Matthieu 24:3, 27; 2 Thessaloniciens 2:8; 1 Corinthiens 15:23; Matthieu 24:31 & 2 Thessaloniciens 2:1.

    Son retour sera une *apokalupsis*, un « dévoilement » ou une « découverte », lorsque le pouvoir et la gloire qui sont déjà siens en vertu de son exaltation, seront pleinement révélés au monde. Nous le voyons dans Philippiens 2:9 ; Ephésiens 1:20-23; Hébreux 1:3; 2:9 et 1 Pierre 4:13.

    Et son retour sera aussi une *epiphaneia*, une « apparition ». Il sera visible pour tous et caché d'aucun – 2 Thessaloniciens 2:8; 1 Timothée 6:14; 2 Timothée 4:1, 8 & Tite 2:13.

    Ce jour final du salut sera marqué par la résurrection des morts en Christ, la transformation de ceux qui vivent sur la terre en Christ, la consommation du royaume de Dieu, le jugement final et la punition finale de l'antéchrist, du diable et des personnes non sauvées – qui seront bannis à jamais de la présence et des bénédictions de Dieu.

Par grâce, par la foi

Un nouveau ciel et nouvelle terre émergeront de ce jugement et le peuple de Dieu habitera sur cette nouvelle terre dans des corps rachetés et dans une parfaite communion avec Dieu. A ce point, l'œuvre de salut de Dieu sera finalement achevée; ses actes passés, présents et à venir de salut se seront tous rejoints dans l'éternité.

Nous pouvons dire que le salut futur concerne toute une série de réalités merveilleuses. Nous serons avec Christ, nous partagerons sa présence, nous serons introduits dans sa vie de résurrection, nous recevrons notre récompense et notre héritage, nous abandonnerons les derniers vestiges du péché, nous recevrons un nouveau corps de résurrection et nous jouirons d'une communion parfaite, éternelle, face à face avec Dieu.

La foi seule

Chaque fois que nous considérons le salut dans sa pureté et sa grandeur magnifiques, nous devrions en avoir la respiration coupée en ressentant un saint respect et toute notre indignité. Comment tout cela peut-il être possible pour un pécheur, pour nous?

Dans ce livre, nous nous sommes concentrés sur la déclaration biblique selon laquelle le salut est par la grâce seule, et par Dieu seul. C'est bien son idée, son initiative, sa volonté bonne et parfaite, son plan et son œuvre. Pour dire les choses simplement, le salut est entièrement par la grâce de Dieu.

Mais ce tableau du salut est encore incomplet. Nous avons vu que Dieu n'a pas forcé Adam et Eve à enlever leurs feuilles de figuier pour se revêtir des tuniques de grâce qu'il leur avait préparées. Dans sa grâce, Dieu fit le sacrifice nécessaire, Dieu pourvut aux habits tachés de sang, Dieu tendit les mains et offrit ces vêtements à ces deux pécheurs indignes – mais il ne les a pas reçus à leur place.

Au lieu de cela, Adam et Eve ont du croire en eux-mêmes que la provision de Dieu était meilleure que leur solution humaine,

Le salut par la grâce

puis ils ont du agir sur leur foi pratiquement en retirant leurs feuilles et en permettant à Dieu de les revêtir de ses tuniques. Ils furent sauvés par la grâce seule, mais ils reçurent leur salut par la foi seule.

Il en fut de même pour Noé. Dieu ne lui imposa pas l'arche salvatrice. Il montra simplement à Noé le chemin du salut, lui demanda de croire dans sa provision puis s'attendit à ce que Noé agisse sur cette foi. Noé fut sauvé par grâce, mais il fut aussi sauvé par sa foi.

Le principe divin en question traverse tout l'Ancien Testament. Dieu a toujours agi dans sa grâce, mais il n'a jamais imposé son salut sur son peuple – car il les appelait à une relation libre, de respect mutuel et d'amour confiant.

Dans sa grâce, Dieu a pourvu à la promesse de la Pâque, au chemin à travers la mer Rouge, au serpent d'airain « élevé » dans le désert et ainsi de suite. Mais le peuple a toujours du mettre sa foi en Dieu et agir sur sa foi: ils durent eux-mêmes asperger le sang sur leurs linteaux de portes pour vivre, marcher entre les murs d'eau pour vivre, regarder le serpent pour vivre et ainsi de suite.

Cela signifie qu'Israël a été entièrement sauvé par grâce, c'est la conclusion à laquelle nous arrivons. Mais ils ont reçu leur salut entièrement par leur « action basée sur la confiance », par la foi. Cette relation entre la grâce et la foi était l'essence de la relation d'alliance d'Israël avec Dieu.

Ce qui ne veut pas dire que le salut est par « une foi sur laquelle on agit dans l'obéissance », par opposition à la « foi seule ». Dans les exemples bibliques que nous avons étudiés plus haut, le peuple a du effectivement agir sur sa foi pour être sauvé – mais cette action était l'expression immédiate de leur foi active. Il s'agissait d'un moment précis dans le temps. Ils ont « franchi une ligne » – ils ont transféré la base de leur confiance en la faisant passer d'eux-mêmes à Dieu.

Dans le Nouveau Testament, Jésus a appelé les gens à croire en lui (nous voyons dans *Une Foi Vivante* que « croire » n'est que la forme verbal du mot « foi »). Jésus, le Christ, Jésus le

Par grâce, par la foi

Messie, était l'incarnation de la grâce; il était la grâce de Dieu, le salut de Dieu présent en personne.

Il est venu dans la grâce pour servir et sauver, mais il n'a imposé son salut à personne. Il a appelé des hommes et des femmes à croire dans la provision salvatrice de Dieu en les encourageant à agir sur leur foi. Nous sommes toujours sauvés entièrement par la grâce et par elle seule. Nous recevons toujours notre salut entièrement par la foi et par elle seule. Nous sommes sauvés « par sa grâce par notre foi » – et c'est là l'essence de notre relation avec Dieu établie à la croix et par le sang.

Les œuvres de foi
Il y a toujours eu des personnes pour insister sur l'élément d'action de la foi (agir sur la foi). Ils ont suggéré qu'il s'agissait de l'aspect le plus important du salut.

Ils ont par exemple considéré Noé. Ils ont reconnu sa foi en Dieu mais affirmé qu'il n'aurait pas été sauvé s'il n'avait pas coupé les arbres, dessiné et construit l'arche, rassemblé les animaux etc... Ils suggérèrent donc qu'il aurait été sauvé par la foi et l'activité, par la grâce et par les œuvres.

Ils ont considéré le peuple d'Israël. Ils ont admis qu'ils avaient foi en Dieu, mais ils ont insisté pour dire qu'ils n'auraient pas été sauvés s'ils n'avaient pas sacrifié les agneaux et aspergé leur porte: de nouveau ici, Israël, selon eux, a été sauvé par la grâce et l'activité.

De la même manière ils ont souligné (à toutes les époques et dans toutes les traditions de l'Eglise) que nous sommes sauvés par la grâce de Dieu à travers nos œuvres. Ils maintiennent que si nous voulons recevoir le don divin du salut, nous devons faire les œuvres de la foi – nous devons accomplir des actes de dévotion religieuse, éviter le péché, prendre soin des pauvres, donner avec générosité etc... Ils affirment que pour que la foi qui sauve soit authentique, elle doit être accompagnée d'œuvres. Le salut n'est donc pas par la foi seule, puisque les œuvres sont considérées comme une condition du salut.

Le salut par la grâce

Cet argument ne tient pas. En effet, la foi d'Abraham n'est pas considérée, l'enseignement sur la foi de l'Evangile est sous-estimé et ce raisonnement interprète mal la compréhension intégrée des Ecritures de l'alliance du salut.

La foi et Abraham
Tous les hommes et toutes les femmes de foi considèrent Abraham comme l'exemple suprême de la foi. Le peuple de Dieu dans l'Ancien Testament savait qu'ils étaient les enfants d'Abraham. Les membres du peuple de Dieu dans le Nouveau Testament se révélaient aussi comme des fils et des filles d'Abraham. Pourquoi? Tout simplement à cause de la foi – la caractéristique spirituelle la plus importante du croyant et sa marque distinctive. Paul explique cela sans laisser l'ombre d'un doute dans Romains 4 et Galates 3.

Genèse 15:6 est l'un des versets les plus révélateurs et importants de la Bible. Il montre *quand* Abraham fut déclaré juste par Dieu et *pourquoi* il fut déclaré juste par Dieu. Ce fut *lorsque* Abraham crut dans le Seigneur et *parce qu*'il crut dans le Seigneur.

En d'autres termes, Abraham fut sauvé (déclaré juste devant Dieu) lorsqu'il crut, et il fut sauvé parce qu'il crut. Cette justice était toute entière un don de la grâce de Dieu, car Abraham ne pouvait pas la gagner et ne la méritait pas, étant donné son péché en Egypte. Abraham reçut simplement le don de Dieu de la « justice mise à son compte (imputée) » par sa foi dans le Seigneur.

Ce don n'était ni la « perfection » ni « l'infusion » de la justice de Dieu, parce qu'Abraham continua à pécher avec Agar et répéta l'épisode de l'Egypte en péchant de nouveau à Guérar. D'autre part, ce don n'était pas conditionnel car ces péchés subséquents n'affectèrent pas sa position juste devant Dieu.

Selon la compréhension intégrée du salut de la Bible, Genèse 15:6 fut le moment où Abraham fut « sauvé »; mais il du continuer à vivre dans sa nouvelle relation sauvée avec Dieu, « en train d'être sauvé », luttant avec la chair et les

Par grâce, par la foi

difficultés. Il dut continuer à regarder de l'avant et s'attendant à l'accomplissement des promesses de son salut, au jour où il « serait sauvé » – promesse qu'il vit s'accomplir partiellement en Isaac, mais qu'il attend encore jusqu'au « dernier jour » lorsqu'il verra toute la grandeur de sa postérité dans la foi.

Il en ressort que les « œuvres » font partie de l'expérience de la vie dans l'alliance, partie du « salut dans le présent », mais qu'elles ne font pas partie du « salut dans le passé », et qu'elles ne sont pas une condition du « salut futur » (bien qu'elles soient récompensées au dernier jour).

Dans sa conversation avec Nicodème, Jésus nous défie de « croire » afin que nous soyons sauvés de la perdition et que nous recevions la vie éternelle. L'Evangile de Jean a été écrit afin que nous puissions « croire » et avoir la vie au nom de Jésus. Ceci dit, ayant reçu la vie salvatrice par la foi seule, nous sommes appelés à demeurer toujours dans cette vie nouvelle salvatrice par une obéissance remplie de foi. Il ne s'agit pas toutefois d'une condition à la réception du salut dans le passé, mais d'un moyen de jouir des bénédictions du salut dans le présent et le futur. Nous considérons ce sujet plus en détails dans *Une Foi Vivante*.

Sécurité éternelle et récompenses

Si nous ne sommes pas sauvés par les œuvres, si nous sommes sauvés par la grâce seule et la foi seule, alors le corollaire qui suit naturellement est le suivant : notre salut n'est pas maintenu ou conservé par les œuvres – Philippiens 1:6. Cela signifie que le chrétien est éternellement sécurisé, que ceux qui croient vraiment l'évangile ne peuvent jamais être perdus, quelques soient les choses qu'ils commettent – Jean 10:28.

Cette idée à gêné certains et ils se sont opposés à la notion d'une sécurité éternelle du croyant sur la base qu'une telle doctrine permettait au croyant d'abuser de la grâce de Dieu. Mais pour que la grâce fonctionne au titre de grâce, elle doit être susceptible d'être abusée. C'est ce que Paul avait compris dans Romains 6 : 1-2. Nous devons répondre avec le même « loin

Le salut par la grâce

de là » que Paul à sa question de Romains 6:1 « Demeurerions-nous dans le péché afin que la grâce abonde? ».

Suggérer que la doctrine de la sécurité éternelle du croyant donne un permis de pécher revient à mal comprendre l'enseignement de la Bible sur le sujet. La doctrine de la sécurité éternelle du croyant doit toujours être remise dans le contexte du châtiment de Dieu et du tribunal de Christ.

Le Nouveau Testament montre qu'il y a une différence entre être sauvé de l'enfer pour aller au ciel et recevoir une récompense au tribunal de Christ dans le ciel. Les chrétiens et les non chrétiens seront tous jugés lors du jugement du grand trône blanc rapporté dans Apocalypse 20:11-15. Seuls les croyants apparaîtront devant le tribunal de Christ – 2 Corinthiens 5:10. Cela signifie que tous ceux qui sont sauvés iront au ciel, mais tous ne recevront pas une récompense – Jean 5:24 et 1 Corinthiens 3:12-15. Comme nous l'avons vu dans 1 Corinthiens 3:15, il est possible de perdre la récompense et d'être néanmoins sauvé. C'était là la profonde préoccupation de Paul dans 1 Corinthiens 9:27 – qu'il puisse être rejeté (ou désapprouvé) dans l'attribution du prix et qu'il puisse entrer dans l'éternité sans récompense.

Tout ceci signifie que le péché a vraiment de sérieuses conséquences dans la vie d'un croyant. Cela signifie le sûr châtiment de Dieu dans cette vie et la perte des récompenses célestes dans la vie à venir. Cela signifie que toutes nos œuvres seront brûlées et qu'aucune récompense ne sera donnée. Mais cela ne signifie pas la perte du salut.

Mais d'autres argumenteront en disant que le salut peut être perdu. Ils feront appel à des textes tels qu'Hébreux 6:4-6 et 10:26-29. Il y a en effet un nombre limité de versets bibliques qui semblent à première vue soutenir ce point de vue. Mais après une observation plus attentive, il est évident que ces passages ne s'opposent pas à l'idée de la sécurité éternelle du croyant car ils ne se réfèrent pas au salut, mais à la récompense que l'on peut gagner ou perdre dans le ciel.

En fait, il n'y a pas un seul verset dans la Bible qui suggère que nous puissions perdre notre salut – sinon notre héritage ou notre récompense. Nous avons été adoptés de manière permanente dans la famille de Dieu et nous avons été acceptés comme ses enfants. Il ne nous « désadoptera » jamais. Toutefois, il y a une distinction à faire entre filialité et héritage. Et lorsque nous abusons de nos droits en tant que fils, nous pouvons être déshérités.

Finalement, la Bible enseigne que la sécurité éternelle n'est pas conditionnée par le comportement du croyant – sinon nous serions de retour sur le terrain de la justification par les œuvres. Nous nous tenons devant Dieu dans la ferme confiance que Jésus-Christ a déjà fait tout ce qui est exigé de nous. Mais nous nous tiendrons devant Christ un jour pour rendre compte de nos œuvres, et dans ce sens particulier, les œuvres jouent un rôle important dans la vie chrétienne.

Le salut est inconditionnel et notre sécurité éternelle est la conséquence de la grâce de Dieu. Dieu n'est pas une divinité capricieuse possédant une grande gomme céleste capable d'effacer le nom des croyants du livre de vie dès qu'ils pèchent. Il réécrirait leur nom (au crayon mine !) sur la base de leur repentance. Non, l'assurance de notre salut repose entièrement sur la mort substitutive de Christ. Quelle merveilleuse chose de savoir que nous ne pourrons jamais être perdus. Nous devons nous réjouir comme Paul se réjouit dans Romains 8 :38-39 de ce que rien ne peut nous séparer de l'amour de Dieu en Jésus-Christ. Cela devrait aussi nous pousser à nous séparer du péché dans tous les domaines de notre vie. Comme Paul le dit dans Galates 5:13, nous ne devons pas utiliser cette merveilleuse liberté comme une « occasion pour la chair ».

La foi qui sauve
La Bible montre clairement que la foi, le fait de croire, est le seul instrument par lequel nous sommes sauvés. « La foi seule » (et non la « foi plus ceci ou cela ») est le seul instrument par lequel nous pouvons être liés à Christ et ainsi recevoir la grâce divine du salut.

Le salut par la grâce

Au temps de la Réforme au seizième siècle, Dieu utilisait des hommes comme Martin Luther et Jean Calvin pour restaurer dans l'Eglise la vérité du salut par la foi seule. A cette époque, la dispute faisait rage autour de la « foi qui sauve » et un consensus émergea finalement pour dire qu'elle contenait trois éléments essentiels:

- La connaissance
- L'assentiment
- La confiance

La connaissance

La foi qui sauve n'est pas privée de sens; elle n'opère jamais dans un vide intellectuel; et elle n'est ni ignorante, ni superstitieuse ni crédule. Au lieu de cela, la foi qui sauve a un contenu minimum de connaissance qui doit être reçu, compris et embrassé.

Nous ne pouvons avoir foi en rien – il doit y avoir un objet et un contenu à la foi qui doit être vrai. La foi en elle-même n'a pas beaucoup de sens ; et même la conviction la plus forte est inutile à moins d'être fondée.

Il devrait être clair qu'avant que nous puissions avoir une relation personnelle avec Dieu, nous devrions être conscients de lui en tant que personne. Nous devons avoir une intelligence de ce en quoi ou en qui nous croyons. Avant que nous puissions croire en Dieu, nous devons croire que Dieu est ce qu'il dit être.

Cela signifie que nous devons croire à certaines informations élémentaires et justes sur Dieu pour être sauvés. Il se peut que ce ne soit pas grand-chose, mais il doit y avoir quelque chose de cru. Par exemple, nous devons avoir une certaine connaissance factuelle qui soit correcte. Si, par exemple, nous disons que nous croyons en Jésus, mais que nous croyons que Jésus était simplement un enseignant humain bon qui est mort et resté mort, notre croyance en ce Jésus ne nous sauvera pas parce que l'objet de notre foi n'est pas vrai et manque de la puissance qui sauve.

Par grâce, par la foi

Le diable veut s'assurer que notre proclamation de l'évangile soit tellement sèche et académique qu'elle manque de passion pour déplacer les gens, ou qu'elle soit tellement basée sur l'expérience qu'elle ouvre la voie à la superstition et au mensonge. En tant qu'Eglise, nous sommes appelés à combattre contre l'erreur spirituelle, le manque d'équilibre et l'hérésie autant que nous sommes appelés à combattre contre la mort et la sécheresse spirituelle. La vérité compte, et personne ne peut être sauvé sans que sa foi possède un noyau factuel qui soit vrai.

L'assentiment
L'assentiment intellectuel est le second élément essentiel à la foi qui sauve. Il implique la ferme assurance ou la profonde conviction qu'une proposition est vraie. Nous développons cet aspect dans *Une Foi Vivante*, lorsque nous montrons que le fait d'être « fermement persuadé » est au cœur de toute foi biblique et fait partie du mot « foi ».

Certains pensent qu'il y a une valeur spirituelle intrinsèque à essayer de croire quelque chose, mais l'assentiment doit toujours être attaché à la vérité. Il ne sert à rien de dire à un paralytique qu'il peut marcher lorsqu'il ne peut pas le faire, cela n'a rien à voir avec la foi biblique.

Les croyants, toutefois, pressent parfois les gens de croire quelque chose qui est vrai, par exemple, nous pouvons pousser les gens à croire que Jésus est mort pour leurs péchés. Mais sans la « ferme conviction », ou le « profond assentiment » de ceux qui écoutent, il n'y aura pas de foi qui sauve – qu'importe l'effort qu'ils font pour croire.

Ils peuvent vouloir croire que Jésus est mort pour leurs péchés, ils peuvent même essayer de le croire, mais la foi qui sauve ne peut exister à moins qu'ils soient fermement persuadés que Jésus est vraiment mort pour leurs péchés.

Toutefois, même une entière connaissance et une ferme persuasion ne suffisent pas en elles-mêmes à former la foi qui sauve. Après tout, le diable sait que Jésus est le Fils de Dieu; il

Le salut par la grâce

donne même son assentiment au fait que Jésus est le Fils de Dieu ; mais il lui manque la foi qui sauve parce qu'il refuse de faire confiance à Jésus en tant que Fils de Dieu.

La confiance
La foi qui sauve commence seulement lorsque nous ajoutons notre « volonté » à notre connaissance et notre assentiment, lorsque nous arrêtons de dire « non » à Dieu et commençons à lui dire « oui », lorsque nous commençons à agir d'une manière ou d'une autre sur la base de notre ferme conviction, lorsque nous faisons le premier pas de confiance en Dieu sur la base de notre confiance et de notre assentiment.

L'humanité déchue rejette Dieu; elle préfère les ténèbres à la lumière et l'égocentrisme au sacrifice; elle choisit ce qui lui est cher et rejette ce que Dieu estime. En d'autres termes, la confiance implique un changement dans nos valeurs, nos attitudes et notre perception des choses. Là où nous étions indifférents à Jésus, maintenant nous choisissons de le recevoir. Là où nous étions opposés à Dieu, maintenant nous nous tournons vers lui avec des cœurs ouverts. Là où nous n'étions pas conscients de notre état devant Dieu, maintenant nous avons le grand désir qu'il nous transforme.

Certaines personnes suggèrent que nous devons recevoir la vie nouvelle de Dieu, que nous devrions être nés de nouveau avant que nous puissions exercer la foi qui sauve. Dans *Une Foi Vivante*, toutefois, nous montrons que la « foi vivante » biblique est elle-même un don de Dieu par l'Esprit. Dieu ne passe pas par-dessus notre volonté libre et ne nous impose pas une nouvelle vie. En revanche, il « réchauffe notre cœur »; il nous donne tout ce dont nous avons besoin pour répondre à sa grâce afin que nous puissions recevoir sa grâce par la foi.

Prédestinés au salut
Cette discussion fait surgir la question de la prédestination. La prédestination, ou l'élection, est le choix divin d'êtres humains pour la vie éternelle – la doctrine selon laquelle

Par grâce, par la foi

Dieu, de toute éternité, a choisi des personnes précises pour les amener dans une relation éternelle avec lui-même. Parfois, les gens parlent de « double prédestination » par opposition à la « prédestination simple » – la double prédestination est la notion selon laquelle Dieu sélectionne activement certaines personnes pour la vie éternelle (on se réfère souvent ici à « l'élection ») et d'autres personnes à la mort éternelle (on se réfère parfois ici à la « réprobation »).

Bien que l'apôtre Paul affirme la prédestination dans Romains 8 :29-9 :33 et Ephésiens 1 :4-5 – et elle figure aussi dans d'autres passages tels qu'Exode 33:19; Jean 6:44; 15:16 & Actes 13:48 – la prédestination est peut-être l'une des doctrines les plus énigmatiques et étonnantes des doctrines chrétiennes. Elle dépasse de loin notre compréhension humaine. Toutefois, il est absolument crucial que nous puissions nous efforcer de la saisir afin de pouvoir comprendre correctement le salut par la grâce.

La manière technique de bien comprendre la prédestination n'est pas simple. Certains l'ont vue comme la manière dont Dieu sait d'avance comment chaque individu répondra à l'Evangile. Dans ce cas, la prédestination de Dieu est simplement pour lui le fait d'accorder la vie éternelle à ceux dont il savait d'avance qu'ils répondraient dans la foi.

Pourtant ce point de vue ne prend pas suffisamment en compte la dépravation totale de l'homme, qui est tellement déchu qu'il est totalement incapable de rechercher le salut pour lui-même, ou même tendre la main vers Dieu pour solliciter son aide – Ephésiens 2 :1-3. Cela signifie que l'initiative du salut doit clairement venir de Dieu – un acte de pure grâce qui va chercher le pécheur et le tirer hors de son péché, et ensuite qui sauve et préserve tout en même temps ce même pécheur.

Ce second point de vue sur la prédestination s'attache au sérieux du péché et magnifie la grâce de Dieu dans le salut. Toutefois, certains ont été scandalisés par cette approche. En effet cela revient à enseigner une doctrine de la réprobation – un aspect négatif de la prédestination qui suppose que Dieu

Le salut par la grâce

laisse des gens dans leur péché alors qu'il pourrait simplement les sauver, et les condamne ensuite injustement pour ces mêmes péchés.

Mais ce n'est pas le cas, et nous n'avons pas besoin de suivre le chemin de la doctrine de la réprobation ou de la double prédestination. Dieu sélectionne simplement certains dans la masse de l'humanité pour le salut. Ce n'est pas injuste, car la justice de Dieu serait de condamner tout le monde. C'est simplement le fait que les condamnés reçoivent ce qu'ils méritent, mais que les élus reçoivent plus que ce qu'ils méritent. Cela signifie que ceux qui vont au ciel n'y vont pas à cause d'œuvres meilleures ou d'une supériorité morale – Dieu, dans sa grâce, et selon ses plans souverains, a choisi ceux-ci pour la vie éternelle. Mais tous ceux qui vont en enfer y vont à cause de leurs œuvres et à cause de leur péché.

Les êtres humains ne sont simplement pas en position de juger Dieu sur ce qu'il fait. Dieu est le créateur de toutes choses et libre de faire ce qu'il veut. Mais finalement, la prédestination découle de notre théologie de la souveraineté de Dieu, de la dépravation de l'homme et plus spécialement de notre théologie de la grâce. Pour que la grâce soit grâce, Dieu doit être libre de l'offrir ou de ne pas l'offrir. Si elle est offerte sur une quelconque autre base, elle n'est plus un don mais une récompense pour une action méritoire ou une attitude si bien que Dieu est alors obligé d'accorder sa grâce. Mais si la grâce est un don – si le salut et la foi sont le don de Dieu, alors la doctrine de la prédestination en découle nécessairement. Car il apparaît clairement que le don n'est pas donné à tous. Plutôt, le choix de certains de la vie éternelle est un acte de la volonté souveraine de Dieu.

L'élection du croyant pour le salut n'annule pas le besoin d'évangéliser, car nous ne pouvons tout simplement pas savoir qui est élu et qui ne l'est pas. Et nos efforts d'évangélisation sont les moyens par lesquels Dieu amène les élus au salut selon Romains 10:14. Mais cela ne signifie pas que nous devrions nous accuser si certains rejettent Christ – si nous avons fait de

Par grâce, par la foi

notre mieux, nous pouvons laisser le reste à Dieu – Jean 6:37 et 44.

Cet équilibre a été le mieux décrit par l'illustration du prédicateur qui parlait de la porte du ciel : quand nous entrons par la porte du ciel, nous lisons un écriteau qui se trouve au-dessus: « quiconque le désire peut venir », mais une fois que nous passons par cette porte nous lisons un écriteau qui se trouve de l'autre côté de la porte : « élu dès avant la fondation du monde ». La doctrine de l'élection est donnée en tant que réconfort et assurance aux croyants et non comme un moyen de faire de la spéculation philosophique. Elle nous est donnée pour nous rappeler que notre salut vient entièrement de Dieu et que nous n'y sommes absolument pour rien. Nous sommes sauvés par grâce du début à la fin, humiliés par sa grâce, tout ce que nous pouvons faire est de recevoir cette grâce par une foi simple et vivre dans une obéissance reconnaissante à sa volonté pleine d'amour pour nos vies.

La bonne réponse à donner face à cette doctrine n'est donc pas, en premier lieu, de s'engager dans une quête *philosophique*, ni même *théologique* (bien que ces choses soient importantes), mais d'ouvrir notre cœur à la *doxologie*. La réponse la plus complète et la meilleure que nous puissions avoir face à cet enseignement est celle d'un cœur qui s'abandonne à Dieu et d'une vie vécue pour la gloire de Dieu. C'est la raison pour laquelle Jésus, face à cette question dans son propre ministère sur la terre, comme nous le voyons dans Matthieu 11:25-27, accepta joyeusement le dessein de salut divin en louant le Père pour son plan parfait consistant à se révéler à certains et non à d'autres. Dans Romains 11:33-36, Paul finit son profond chapitre sur l'appel et l'élection par une doxologie puissante et inoubliable, où il s'exclame: « O profondeur de la richesse, de la sagesse et de la science de Dieu ! Que ses jugements sont insondables, et ses voies incompréhensibles !... C'est de lui, par lui et pour lui que sont toutes choses. A lui soit la gloire dans tous les siècles ! Amen ! »

Le salut par la grâce

Justifiés par la foi

Nous avons commencé ce livre sur le salut en considérant le sujet du point de vue de Dieu. Nous nous sommes demandé comment il pouvait montrer son amour en pardonnant les pécheurs sans détruire sa sainteté, et comment il pouvait montrer sa sainteté en punissant le péché sans abandonner son amour. Nous avons vu ensuite comment Dieu résout cette question en se satisfaisant lui-même – son amour et sa justice – sur la croix par le sang de son Fils.

Maintenant, à la fin de ce livre, nous terminerons en réfléchissant à cette question sous un autre jour.

Au « dernier jour », nous serons tous sommés de nous présenter devant le Juge de toute la terre, devant Celui qui est parfaitement saint, parfaitement juste et qui sait tout de nous. Comment serons-nous capables de nous tenir devant lui ? Comment même une seule personne pourrait se tenir devant lui ?

Dieu nous a commandé d'être saints, pourtant un seul péché nous fait passer sous la barre de ses exigences. Une fois que nous avons péché une seule fois, nous ne pouvons plus jamais satisfaire les exigences divines, quoi qu'il arrive.

Dans sa grâce, Dieu peut avoir pardonné les conséquences de notre péché – l'avoir couvert et ôté – mais cela ne change pas le fait qu'un jour nous avons péché. Notre péché peut avoir été chassé au loin, nous pouvons avoir été lavés et purifiés ; mais rien de cela ne change le fait que nous n'avons pas réussi à satisfaire les conditions divines.

La question la plus importante, la question unique, de notre point de vue, doit être « comment Dieu peut-il nous déclarer juste nous qui sommes pécheurs ? » – car, dans sa justice, Dieu ne peut déclarer juste que ceux qu'il regarde comme justes.

Il devrait être évident que nous pouvons espérer être déclarés justes que si nous possédons la justice parfaite. Pourtant, puisqu'il suffit d'un seul péché pour gâcher toute notre bonté, nous ne pouvons posséder la justice parfaite que si nous la recevons de quelqu'un qui a vécu une vie parfaite, de la part de quelqu'un qui a fait face à nos tentations tout en restant parfaitement obéissant et absolument sans péché en pensées, en paroles et en actes, de la part de l'homme Jésus-Christ.

Notre seule espérance devant Dieu au dernier jour est de pouvoir d'une manière ou d'une autre nous saisir de la justice parfaite et sans péché de la vie de Christ et être revêtus de cette justice. Finalement, pour nous, c'est la seule chose qui compte vraiment, la seule question, la question la plus importante à résoudre.

La grande vérité de l'évangile, peut-être la plus grande de la Bible, est le fait que Dieu justifie les pécheurs par la foi, qu'il déclare des pécheurs justes sur la base de la justice de Christ, qu'il reçoit des pécheurs coupables dans sa présence comme s'ils étaient parfaitement justes.

Dans sa grâce et sa miséricorde, Dieu nous impute (met sur notre compte) la justice de Christ. Et nous nous appuyons sur cela et cela uniquement pour notre salut. Et parce qu'il nous impute la justice de Christ, nous sommes comptés comme justes. Comme Abraham, nous sommes justes par imputation – même si nous avons péché en Egypte et sommes capables de répéter notre péché à la prochaine étape du voyage.

Nous savons et nous avons cette confiance que Christ a payé la pénalité due à notre péché, qu'il a porté les conséquences de nos fautes et manquements, enduré la punition de notre culpabilité, ôté nos péchés et satisfait la colère de Dieu.

Mais nous n'avons pas seulement besoin d'un substitut qui, par sa mort, réglera le problème de notre péché et de nos fautes. Nous avons aussi besoin d'un substitut qui, par sa vie, pourvoira en nous accordant son absence de péché et sa perfection.

L'histoire de la vie de Jésus n'est pas qu'une préparation à la croix. Il n'a pas passé trente-trois années inutilement, pour passer le temps avant d'accomplir l'œuvre du salut à la croix. Toute sa vie était pour notre salut. Son obéissance parfaite dans la vie était aussi vitale pour notre salut que sa parfaite

Le salut par la grâce

obéissance dans la mort, car c'est cela qui a accumulé la justice qu'il donne maintenant à ceux qui croient.

Comment donc nous tiendrons-nous devant Dieu au dernier jour ? C'est entièrement par notre foi dans la justice de Christ – qu'il nous offre et nous tend comme il tendait les tuniques tachées de sang à Adam.

La question qui reste posée à chaque membre de l'humanité est la même que ce qu'elle a toujours été depuis ce premier moment de grâce dans le jardin d'Eden. Ferons-nous confiance dans le don que Dieu nous fait de nouveaux vêtements (qui couvriront notre péché, ôteront notre peur et nous équiperont pour une nouvelle tâche?) Nous tiendrons-nous nus devant Dieu et lui permettrons-nous de nous revêtir de la justice de Christ ? Dépendrons-nous de lui uniquement? Ou nous attacherons-nous à nos feuilles de figuier – à nos propres idées religieuses et nos propres efforts – tournant notre dos à la grâce de Dieu et nous accrochant à nos peurs, notre culpabilité et notre honte ?

La merveille de l'évangile, celle que nous sommes appelés à proclamer, c'est ce « salut par la grâce de Dieu seule, par la seule foi en Christ et lui seul. » Aucun autre message n'est la bonne nouvelle de Dieu que celui-ci. Aucun autre message n'est le chemin vers la vie éternelle et aucun autre message n'a d'effets éternels que celui-ci.

Par la vie de sacrifice et la mort de son Fils, Dieu a fait tout ce qu'il pouvait pour sauver le monde qu'il aime. Il nous a maintenant confié la nouvelle de ce grand salut et nous devons faire tout ce que nous pouvons pour transmettre le pur message biblique de la grâce qui sauve et de la foi à ceux qui sont perdus et qui meurent autour de nous.

www.ingramcontent.com/pod-product-compliance
Lightning Source LLC
Chambersburg PA
CBHW031114080526
44587CB00011B/969